U0815565

为了人与书的相遇

We read the world

出品人	许知远　于威　张帆
主编	吴琦
副主编	刘宽
编辑	刘婧
英文编辑	Callum Smith（高林）
特约编辑	阿乙
	Filip Noubel（马云华）
	Isolda Morillo（莫沫）
	索马里
	文珍
封面摄影作品	张晓

制造年轻人

我猜，对很多看到这本书的人来说，一生都要花很多时间去和“文艺青年”这个标签做斗争。斗争对象的前半程是“文艺”，后半程是“青年”。至少对我来说是这样。

对“文艺”这个词过敏的阶段已经过去了，时间告诉我，自己很难不被文字、图像、造型那些真实世界的再现物所吸引，而那些滥用这个标签的人，只是不能分享这种乐趣而已。第二个阶段才刚刚开始，在告别青年之时，又不得不面对青年，面对这个年轻崇拜日益猖狂的世界，原本应该紧紧抱住自己那点所剩不多的可怜的青春，现在都有点避之不及。

时间总是把我们推来推去。绝大多数情况下，人不会按时得到自己想要的东西，而当我们终于有所得时，那事情本身已经不再重要。文艺作品就是在记录这个过程，记录人在不同阶段的妄念，夸张它们，检验它们，然后把剩下的很小一部分，视作我们一生中真正的冒险。

都是挺浪漫的事，但浪漫也是时间的产物，并为时间所限。这一辑的《单读》首先来自我们在互联网上持续了一年多的“新青年”和“公开信”计划，我们向更年轻、更广泛的写作者群体征稿，与他们通信，希望以此来追踪一代年轻人的精神轨迹。也都是有点浪漫气质的共同体行为。对一个希望借助文学向前看的思想阵地而言，这个题目的意义不言自明，我们几乎想都没想就决定了它。

事实证明这几乎是《单读》最为艰难和曲折的一期。稿件来源变得更广，作者更新，如何取舍，怎样编排，与主题之间的关系，都需要逐一讨论，编辑之间出现了空前的分歧。有人说，年轻人自有其独特的生活，不要用太老的眼光去附会，但落在纸面上，那些标新立异的腔调都奇异地消失了，他们好像没有我们想象得那样特别。也有人说，文学的标准应该是统一的，不需要为任何人降低，但一个固化的标准和系统不正是我们一直反对的吗？我个人，甚至宁愿我们的选择盲目、随意一点，不在于高低，而在于如此才能捕捉青春中最动人的部分，那种迷茫、流动，但又迫切，在密林中不知所踪的眩晕的感觉。

这些没有标准答案的讨论，最终混在一起，成为我们眼中的“青年”。我们尽量避免教条地去认识他们，而是更信任直觉。这本身就是人生中一段初体验、未完成、不稳定的时期，没有必要过早地限定。要到很久以后，在等待出版的过程中，我才意识到这个题目远比我们想的困难。因为它没有固定的谜面，也就等于没有谜底，只有无尽的变化和滑动的空间。它甚至狡猾，像跷跷板，有人一屁股坐在这边，另外一边会不服气地高高翘起。这几乎成了一个不可能完成的任务，不可能完成的一辑。

我们好像低估了他们，低估了年轻写作者天然具有的那种血气、莽撞、直击问题的野心，以及它可能带来的问题。我们又好像高估了什么，在这个前所未有的“自我”时代，原生的“自我”尤其拒绝定义，拒绝彼此，他们在内部互相矛盾、互相抵消，最后只剩下空洞的拒绝。

做出这样的批评是很容易的，每一代人都伴随着这种贬低而成长，关于青年的讨论也不断回到这个原点。说下一代人是更孱弱的一代，自作聪明，追逐个性，提出问题却不解决问题，即便这些观察都是正确的，但抽空历史语境去指责他们，便和他们自我沉溺的习惯没有区别。

“年轻”本身不是问题，或者说年轻的事物是时代的表面，是社会的表征，它与童年、中年、老年同构在一起，标示出社会结构中脆弱、容易松动的部分，因此也最可改变。而漫长的现代主义历史走到今天，走过神的衰落和人的兴起，走过宗教、文艺、传媒神话的破灭，走过精英的光荣与梦想，在今天孕育出来的最新产物，就是我们时代的青年。在加诸人性之上的层层枷锁被启蒙、工业革命、民族国家、自由主义、消费社会、科技革命等种种思潮打破之后，个人的幽灵被彻底释放出来，成为一代人情感结构的主宰，指挥着他们的日常生活和思想状态。这不是一组必然的因果关系，但可以肯定的是，这链条上的每个环节，都对历史的后果负有责任。

而解毒的制剂——非常遗憾地说，很可能也在历史那边。链条上那些正面的部分、被遮蔽和污名化的部分，是昔日的热血和错误换来的共同遗产，不把脏水和孩子同时泼出去，文艺和青年才可能仍有一线生机。当然这更是一项艰巨的任务，就像哪吒复活，需要用莲藕一节一节拼成肉体，或者用一个更加轻浮的比喻，像整容手术，谋求改变的主体，需要用一己之力承担起这卓绝的苦痛。谁也替代不了。

标签最大的危害，不在于它们对人的贬损，而在于它们不自觉间造成的自我隔绝。因为是青年，便隔绝于父辈，隔绝于历史和他人的世界，顶多成为一个合格的自我消费者，而不再拥有真实的政治、经济和文化议程，在狭窄的个体性之内，寻找那些曾经属于集体历史的东西。最后这条是社会学家齐格蒙·鲍曼（Zygmunt Bauman）的意见，他曾对青年抱有期待，但又深知这种期待的局限。他说："老的一代正在迅速失去其对行动的把握与行动能力，而设想中能取代他们的新一代要不还没有出生，要不就是依然太小，啜泣如婴而无法赢得我们的注意……我们这个时代的祸根就在于主观意图与把它变为现实所需的力量之间不成比例的差距。最令人痛苦的困难不再是‘将要做什么’，而是在我们就将要做什么达成一致的时候，‘谁能把它做出来？’”

在这个意义上，十年以来的每一本《单读》都在面对这个问题，自我与时间如何互相“处理”，在此刻生活和创造的人们，如何成为长河之中一个更有力的环节。对主题、篇目的选择，是一本刊物最基本的行动单元，本来就不是轻松的事，我们还需要做更多。同时，寻找崭新的直觉和清醒地回到古典，这两个过程需要一并开启，因为目标不再是炫耀过去的知识精英如何沉溺在自己的迷梦里，而恰恰是希望有一代人能够真正从这梦中醒来。

经过漫长的等待，这本书终于来到读者面前，它很不完美，甚至不是我们计划中的样子。我带着前所未有的沮丧（和最后一点决心），重新审视这一次的历程。半年之前的初衷和欣喜竟还残存几分，除此之外，当然更觉惊险。和各种标签、障碍、系统搏斗已久，《单读》依然坚持把这一切录在纸上的出版工作，一方面十足古老，另一方面又是如此年轻。

撰文：吴琦

∞ 新 青 年

假如当真有地府，我多希望云丽根本用不上这些。我多希望存在一个结构迥乎不同的世界，她体面地行走其中，根本不需要这些。

坐床

撰文　涂俊南

我们开车去乡下看望云丽。云丽三十四岁，有光滑的脸和平静的表情。一个月以前妈妈打来电话，说云丽不大好，查出胃癌，之后又转了结肠癌，晚期。一周前我刚回来，和爸妈去了医院，在她床边坐了一会儿，她的手在被子外面，发黄，手背的皮肤极薄，像小时候我从父母书柜里偷偷翻出来的旧课本，不会有人再读一遍的书页。我不确定是疾病正在吃掉云丽的颜色，还是常年在缝纫机前劳作的她自然会拥有这样一只手。我坐在床边，有些不恰当地失神，记不清她本来该是什么样子，这之前我只见过她三面，也许四面。云丽是我舅妈的名字，我不知道她的姓氏。我不知道死逼近时是不是真的会叫人褪色。

云丽前天晚上出院了。在我以往的概念里，出院意味着健康，意味着不再需要医院的庇护，但昨天我才意识到，出院只是中立地承认了这一点：没有必要了。阿公开车把云丽接回乡下的老屋。我们吃过午饭，去老屋看她。

云丽的脸上插着管子，从鼻翼向体内延伸。在医院我一度以为这会影响她说话，起码带来鼻音，后来发现并不会。她的思路也比我预想中清楚。南大一附院肿瘤三区，病房里的人是一朵朵低空的乌云，浮在病床四周，发出向内的雷声与闪电。父母与舅舅、阿公他们茫然地谈论着如何在绝无胜算的战役中挨时间，我坐在床前同云丽对望。现在换我不知所措了。来前准备了好些话题和建议，这一刻全部无效。过去一个月我都在想，绝不要表现出无用的、过度的、流于表面的关怀，而要尽可能地释放一些具体的能量，但当我看见她耐心地等待我说些什么的时候，我怯懦无比，才明白无用的关心和鼓舞已经是无计可施里最接近“有”的部分了。等了半天，我难过地低下头，问云丽，“痛吗？”她笑了一下，说不痛啊，就是胀得难受，也睡不好，有时候有精神，有时候什么都不知道。

两天前，妈告诉我云丽开始说胡话了，就在那次叫人多少释怀些的探望之后的半周。这中间我没去过医院，尽管我向她承诺过我一定会再去的。那天我问她想不想出去走走看，我和她年龄相对比较接近，也许我陪她出去走走，住院的生活就没那么闷了。她又不置可否地笑了一下，说她每天都会出去走的，她其实可以下床，主要还是没精神，走不了多久就会累。我说，那我就来陪你说说话吧，你没精神的时候就别理我，我在你身边看书就好。我还可以和你说说北京的事啊，病好了带弟弟妹妹来玩，最好四五月来，那个时候天气舒服些。她说，好啊。云丽有三个孩子，娟娟，琪琪，旭旭。旭旭刚一岁。

去乡下的路上我很困，但又睡不踏实，闭上眼眯一阵子，没多久就睁开，路边是树、鱼塘和满街成挂的红灯笼。晴了三四天，今天又下起雨来，天色很暗，红灯笼和灰扑扑的景象混作一团，胡乱飘摇。这条路我小时候走过很多遍，那时去乡下就像过节，一放假就期待阿公开军绿色的吉普车来接我，乡下有野兽与家禽，竹床和夏夜，有柚子树、吊床、猎枪、枯井，还有可以洗澡的野河、田埂上的蛇蜕和饥肠辘辘的枯井。舅舅和阿姨年纪也不大，他们会带我上街看人，或是在被窝里骗我，指着电视告诉我《情深深雨濛濛》是《还珠格格》的续集。小学之后，舅舅阿姨都结婚了，我也更情愿在街头而非乡村混掉假期。又一阵子，阿公的猎枪丢了，刘翔在鸟巢因伤退赛，舅舅遁去国外。这些是同一年的事吗？我隐约听说这样的情景，债主闯进门来，阿公把菜刀剁进桌里，铁和木头都在颤抖。后来阿公他们和云丽搬去另一个镇子，老屋不再住人了。

车在村子里绕了一圈，我兴奋地指着一栋房子说，我们到了，仔细一看才发现认错了。大家都很久没回来过。车停在老屋后门，对门那家早就不在了，小学的时候他家有个和我年龄相仿的男孩，我手太笨，他教会我如何用两张纸叠出一把手枪，后来就和家人在秋天去了外地。后门的柚子树还在，只是少了一棵，不再能牵出一张吊床了。我先下车，从后门望见阿婆和小阿婆背对着我，在堂屋里忙着些什么，阿姨站在正门口，看着我所在的方向，但没看见我。我探头探脑了一会儿，觉得自己突然闯进去唐突，就等爸妈拿好了东西才进去。

阿婆们在裁白布，寒暄了几句又接着忙手头的活计。我和阿姨很亲，但她也没怎么理我，只是点了点头，依旧盯着我进门的方向。爸落在后面，我和妈走进睡房，舅舅靠在柜子边，望着床。云丽睡在床上，戴着口罩，还在输液。妈妈抢一步走过去，靠在云丽耳边大声说，我们来了，今天感觉怎么样？妈妈是老师。那是老师才有的、在为学生鼓劲时鲜活的声音。云丽没醒，舅舅也没说话。我也许有五六年没见过这位为家庭带来过致命负担的逆子了，我向他贴了一步，悄声问，舅妈今天神志怎么样？能听见我妈的话吗？舅舅没看我，也没吭声。然后我就听见了妈妈的惊叫："已经停跳了？！什么时候停跳的？"

荒诞，太荒诞了。该怎样去形容接下来的十分钟呢？是悲痛吗？不全是的。我已经想不起来妈妈上次发出这样的哭喊是哪一年，也许我从没真正听过这样的哭喊：慌乱，凄苦，绝望，极像某种兽类，但又有人类才有的无措的语词。记事之后，我没经历过任何至亲的离世，死亡对我而言始终只是一项客观至极的命题，可以参悟，可以考求，也可以使人痛苦或期待，有如泡在冰冷的海水中。而实际上云丽也并不能算我多么紧密的亲人，我没见过她几面，有的更多也许是责任上的关切和情感上的不甘心。可是一种陌生的悲痛已经确凿无疑地发散在空气中了，我吐纳，并且理解，并且心碎。喧闹。大家都进来了，我也向前走，走到了云丽床边，从后面看她发丝披散的额头和眼睛。她是早上死的，我们才知道。他们一定已经这样哭喊过了，不止一次地。阿婆们扯白布不是未雨绸缪，而是始料未及。爸爸在门口转了一下，没进来，点了烟站到大门口。舅舅靠在柜子边没动，脸像木质的，五官是深而长的纹路。还是荒诞。我感到身体发紧继而松弛，脑子像面镜子，只有直接看到的景象。云丽的额头，平滑，发黄发青，头发有些发干，但还丰茂；而她的眼睛闭着，真的与睡着的人并无不同，她的眼皮是多么放松啊，那是午睡的眼睛。可究竟为什么她的眼睛是这样轻轻闭着的？上次云丽说，她在医院睡得不好，太浅，睡一个小时就会醒来，就算是睡着了，走廊里的脚步和对话也能听得真切。去床边，去她耳边叫她的名字，她一定会醒来，虚弱地。谁又会怀疑呢？

我钻出房间到门口急匆匆地抽烟。老屋前的柚子树和以前大不一样了，村子里到处都是柚子树，这棵算大的，但小时候树上有一个马蜂窝，远远就能见到成群的黑色飞虫，以致从没人敢摘上边的柚子吃。但也不知什么时候，这棵柚子树的枝条全部被剪掉了，只剩几截短促的树干，着急地支棱在半空，光秃秃的了。村里人似乎也不怎么吃其他柚子树上的果实，地上随处可见熟烂的柚子，没人收捡，像一盏盏黄灿灿的灯笼，好像要等这些明亮的果实自然化进土里，有如《西游记》里的人参果。斜对门的小路上有一口井，早填了，后来被村人心照不宣地当垃圾站用，我掉进去过。紧挨老屋的房子打我小时候就没人住，屋顶坍圮了大半，墙砖也松了，阿公教我耍猎枪那阵子，我老拿枪托砸墙，一枪托下去，一块砖就凹进去，继而脱落，墙上露出布满苔藓的黑洞。屋子里静了些，我听见他们在里面反反复复地说起云丽弥留之际的细节，谈论震惊与意料之中。南方的冬天真的好冷。

阿公和小阿公从外面回来了，丧事应当是备好了。许多许久没见的亲戚也来了，男人们皱着眉头彼此派烟，在堂屋和大门口转悠。我回到睡房，阿公和舅舅在云丽身上忙碌，管子要拔掉，口罩揭开，她的嘴露出来了，嘴角向下撇，唇色发青，微微张开，露出一行牙齿，像是挂着自嘲的笑，还有点不好意思。是那种“添麻烦了”的歉疚。她的脸看上去真硬，发灰，像一块被枪托砸掉的砖，落在枕头上。被子也掀开了，云丽穿着桃红色的保暖内衣，双手搭在两边，肚子高高隆起，里面是癌变后鼓胀一团的脏器。肚脐露出来了，还有腰，保暖内衣似乎绷不住这样变形的躯体，就要裂开。舅舅把云丽的裤子努力往上提了提，还有衣服，往下拽。体面地走吧，体面意味着尽量少地在空气中暴露脆黄的皮肤。太冷。最后一根管子也拔出来了，是云丽脸上的那一根，从鼻翼埋进去的，竟然那么长，拔出来时能看见管子里有褐色的液体，我不知道那是药水还是什么。管子慢慢被抽出来，没有血污，没有水分，没有黏液。如此干燥是通向什么器官的呢？我不敢去想。

舅舅双手扶住云丽的头，把她在床上正了正。小阿公把裁量好的白布拿进来，然后合力塞到云丽身下，铺在床上。她身子好硬啊，四肢全然听命于地心引力，沉沉压在白布上，脸上还挂着自嘲的表情。我上前一步，和他们一人拽住白布一角，把云丽裹起来抬到堂屋，搁在木板上。搬运的时候她在下沉。门口这时打起了爆竹，震耳欲聋，但是很短的一挂。阿公一直冲着云丽说，云丽啊，不要害怕。她的确死了。

打完爆竹，小阿婆拿了两个黑色的包裹到门外烧，我跟出去，不知道里面烧的是什么。几声尖锐的啸叫倏然响起，继而是伴随着电流声的哀乐，哀乐浩大，声源粗粝，喘息，在村庄环绕，在没有人住的农舍屋顶环绕，在枯井和柚子树上方环绕，我这才感到由衷的伤心，就要掉下泪来。抬头找声音的来源，只见一个老汉在老屋的二楼，支起了一只巨大的喇叭，这种喇叭我只在二十世纪的乡村电视剧里见过。

与此同时，一种由耻辱、困惑和愤恨构成的巨大的感觉忽然裹住了我。我发现从上车到现在，一路上我观察的眼光近乎贪婪，悲痛和心碎都是真实的，但这之外却又有一双冷漠的眼睛，我的眼睛，狂热地搜刮着所见的一切，无声中将云丽的死转化为词语，高速，精打细算，急不可耐地速记，抓取私密的意象。甚至从上周我在医院见到云丽、一个月前妈妈第一次对我讲起云丽的病情，这种对事态的攫取就已经隐秘地开始了。我试图宽慰自己，作为一个写字的人，将他人的生命（或生命的消逝）记录下来，就是确立其价值与尊严的最好方式，也是我能做到的最多。但这种认识无法说服自己。它多么傲慢，行为本身又多么暴力。文字就是暴力。一位年轻的农村女人，三个孩子的母亲，混账丈夫的妻子，滑落的生活中奋力抓住流沙的受难者，面对她的死，我究竟在记录什么、解码什么，又试图树立什么呢？一切姿态都太不堪和卑鄙了。一切都是巧言令色，一切都是暴力夺取。

说起云丽，妈妈总是用“老实”“可怜”这样的词。舅舅偷东西、赌博、沉迷网络，一度险些毁掉整个家，后来有一段时间还逃到国外打工，回国之后家里给他找了个闲差，云丽查出癌症前他刚被辞退。但我总是无法相信舅舅是个标准意义上的废物或恶人。他有一张内向的脸，总显出沉闷的样子，交流能力极弱，用其他人的话来说就是“与生活脱节”。他长得越来越像阿公。云丽嫁给我舅舅的时候二十二岁，学过裁缝，嫁妆是两架老式缝纫机，结婚那天机器上各绑了一朵大花，像是她的伴娘。婚后云丽生了五个孩子，两个过继给了别人。家是她一个人养活的。除了自己干裁缝，她还开过小店，前一阵子一直在某个小厂上班。我是知道那样的小厂的。没人在乎八小时工时，八小时自然也赚不到能让三个孩子吃饱的钱。所有人都告诉你，这是自找的，是自愿的，是可怜的，但也是应该的。常年缺乏睡眠、饮食条件差、工作环境恶劣、生活负担极重，还要一个人挑起抚养孩子的责任，拼尽全力只能得到“老实”和“本分”这样的勋章。

回到堂屋，云丽的脸上身上盖着红布，像一滴洇在白布上的血。木板上放了镜子、牌位之类的。阿公拿来一个脸盆放在地上，挨着云丽，又拿来一沓纸让我烧。我蹲下，用打火机点燃几张扔进盆里，然后一小叠一小叠地往里投，火苗时而旺盛时而飘忽，方向随穿堂风胡乱打旋，好几次差点烧到我的手，也不烫，有时又往云丽面上的红布燎，但最终也没烧着。屋子里净是烟，陆陆续续又有人来，呛出咳嗽和家人打招呼，询问后续的事。假如当真有地府，我多希望云丽根本用不上这些。我多希望存在一个结构迥乎不同的世界，她体面地行走其中，根本不需要这些。

舅舅上楼睡去了，我一个人溜进睡房。这间屋子我也睡过很多次了，小时候来乡下，我都是和阿婆睡一张床，就在这里。屋子不算小，很暗。云丽被搬出去之后，被子挤在床脚，床单是那种老式的粉色，印着英文字母和大花。床单平整得惊人，仿佛不曾有人睡过。我在床边坐下。墙面上贴着几张招贴画，我小时候就有了，画上无一例外是婴儿，白白胖胖，像比丘国的御膳房。他们瞪大了眼睛，注视着房里早就开始陈旧的东西。

我坐在云丽最后一次睡过的床边。想起一周之前，我在医院，实在无话可说，最终还是抛出了早就想好的话题。我本来想第二次单独去医院的时候再和她聊这个的。我问云丽是否还记得她结婚那天的情景。云丽有些惊讶，说当然记得了。我说，你记不记得你和舅舅来到新房，阿公阿婆拉了我和几个小孩进去，也不说干吗，就是让我们到床上坐一会儿。云丽努力笑了一下，说，记得啊。我说这个是不是叫“坐床”？好像是南昌这边的一个习俗哦。她说对，一般结婚都会这样的，找几个小孩子上床坐一会儿。为什么呢？我明知故问。多子多福嘛，她轻轻地说，老人家迷信，觉得让小孩子到新郎新娘床上坐一坐，将来两个人一定能多生宝宝。

坐床那天是我第一次见到云丽，十二年前的乡下，也是冬天，一月，云丽说那是她生日的后一天，二十二岁的第一天。新房在老屋的二楼，老屋内外挤满了人。我从二楼窗台往外看，车开来了，下来的是新娘子，云丽。在南方农村，婚纱白得像第二天就会化进泥里的雪。新娘进屋了，应该一会儿就要上楼。柚子树有二层楼高，从我的位置看，树如此大，像古装剧里的万民伞，所有人都受它荫蔽，男人们在树下抽烟，女人和小孩在树下吃糖，每个人都喜气洋洋的。树顶有马蜂窝，但还不会自己落下。我在新房门外，不知道阿公阿婆要我留在这里等待什么，也不知道自己可以为云丽和舅舅带来怎样的祝福。

生过很多孩子的云丽躺在堂屋的木板上，我蹲坐在她身边。两点之间，直线真的最短。又是年关，红布下面她的肚子鼓得老高，仿佛还要孕育什么。

欢喜悲伤在热闹疲惫中囫囵吞下，一切都可以很淡。闷豆捉鸡，张三李四。三杯两盏，明月逴逴。

小城食客

撰文　赵蕴娴

在我故乡的小城，吃，是顶重要的事。

早晨吃上一碗素粉，煎个老荷包蛋，或是溏心的，一天的头就算开好了。逢人问起来，则拍拍肚皮说："吃了！陕西路家的素粉。"精气儿十足。这一碗粉下肚，今天就是全顺，晴天里映太阳，阴天里暖心窝，麻将桌上来两把，也能和了，指不定放个冲锋鸡做个清一色，多高兴的事。那听的人也起了好心情，人家不吝分享，一碗粉分作两份满足，哧溜溜，哧溜溜，酸萝卜嚼在嘴里，嘣脆。受了感动，便诚心地喝道："哟，舒服嘞。"愣时，对方双眼一挑："还加了个蛋，溏心的。"一碗粉是平实，加个蛋则使之满溢了，就像筷子戳中了溏心蛋，遂流出一股金黄的骄傲来。听的人也被这么一戳，唾液腺必要分泌些什么，又万不能流出口中，只能动动喉头咽下，寡得厉害。嘴里"哇哇哦哦"地应着，多多少少为自己的早晨抱遗憾，怅惘起来。油煎香气，红辣子绿葱段，怎么就成了别人的呢？

不行。即刻定了，明儿从城南穿城北也要吃上，就陕西路那家，不，今天中午就去，打车去。

这人真坏，勾人馋。

勾人的到底还是素粉。虽为了它要花上双倍价钱作车资，路上再堵堵，饿得前胸贴后背，两眼一抹黑。但绝不是粉的过错。若素粉是坏的，何必大费周章呢？定坏不了。城里的吃食，都坏不了。自地沟油曝了光，便有传言道："路边的炸洋芋喂，地沟油做的，吃不得。""哦哟，哦哟，地沟油。"现在的人心，忒坏。什么事都敢做，害人的财也敢发。末了，路过还是不免吃上一碗，能咋？真香。炸东西的油，用越久越出味，地沟油，卖家经济，食客解馋。不吃的时候都说是地沟油，昨日半夜还看得清清楚楚，拖来几个发黄的大桶，街灯下红橙橙蚕昏昏的，瞧不清是什么在桶内打旋下沉。吃起来则封了口，你望望我，我望望你，相视一笑，真香。

"哪儿呀，哪儿能用地沟油呢，胡扯。"人既说了，也就信了。人不唬人，眼见不实，耳听不虚。摊主一手收了钱，一手揩揩鼻子下面嘴巴上面，往裤缝上蹭蹭，锅里铲出一碗，抖点辣椒面，真香。辣椒面可不是哪儿都有的，人出了省，凡看到洋芋，则不免生一丝悲悼，"哎，要是有点辣椒面……"洋芋是好洋芋，可一副美皮囊，空空丢了魂，如何焕光彩？辣椒面好比那凤冠霞帔，只消一点点，再贫贱的食物，再平常的烹调，立时镀了金光。外地人没尝过，觉不出其中的妙。

本地人出门，还常常受了外省人短见识的气。“辣椒面？没听过，我们这没有。”嗬！没有便没有，说什么没听过呢？这岂不是在暗贬人没见识？若是在肯德基、麦当劳里问问，则更气人了，“肯德基什么时候有辣椒面了？”“什么？你说什么？哦，从来没听过。”在全球连锁店里要番茄酱不稀奇，找辣椒面就显得土鳖了，好像本省的肯德基都比外地的矮了一截，不与世界接轨。而本地人的性子同辣椒面是一样的，嚓嚓嚓，火星子直蹿，必爱同故乡人抱怨：沿海的人，总爱把山里人看低，怎么会没听过呢？发达地界，楼有多高，路有多宽，口袋有多鼓，可连个辣椒面都没有。这能说通吗？说不通。经此一证，这发达地方不过如此。可直脾气来得快去得快，想想还是山里好，照例有高楼，小轿车一辆接一辆，嗡嗡嗡的，简直灭绝了自行车的影子，霓虹灯亮起来，活脱脱一个小香港。最要紧的是有辣椒面，独此一家。哎，又跟他怄气作甚呢？人活一辈子，没吃过辣椒面该是终身抱憾了。由此，便唏嘘哀怜起山外的人来，没吃过辣椒面，就如同没到过蓬莱瀛洲，不知仙人所在。小城里的人，生在青山，长于云水，望了轻纱笼月，顿觉凄怆。飘啊摇，独彷徨。这哀愁化在水里晕开，成了悲悯，又为炽热的脾性所燃烧，萌出赤诚的热情，要想法子邀外地人来看看，来时别忘了吃辣椒。萍水相逢的人，也恨不得给他捎两罐，叫他知道人间的好。最好要在外地扎根，开店销售，一慰游子风霜。

是凡本地土生土长的，一律好。答吃面包、小笼包的，不是不好，是没劲，激不起什么跌宕。一个苗泼的贵阳人，打定了吃的主意，刀山火海也拦不住。太辣的、不干净的，拉几趟肚子就好了，还不好，就吃两锭泻立停苦参碱。好了，又再去吃。被人叮嘱两句，也觉得颇为恳切。闻闻那味道，真香。有不妥的吗？没有。顷刻间便忘记教训嘱咐，甩开膀子再来几碗。谁不是这么拉扯大的呢？

城里的人，没生计的，想做老板的，别人都建议他："开饭馆啊，贵阳人就是能吃，你看饭点上哪家空了？"虽略去辛劳这一说，但贵阳城内的大街小巷的确时常这样挤满了。亮堂堂的楼里开餐厅，盘比脸大，菜似指甲。寻常人家的小巷里开馆子，人少时收桌子，抹布一抹，桌上的残羹全扫进空碗里，人多时，或往自个儿手上抹，或直接擦了丢在地上，心情好扫一扫，心情不好等狗叼，随它自然地去了。饭点一到，则家家坐满了人，鲜少有外省的长龙现象，可谓各得其所。尤在盛夏七八月，黄昏的风夹杂白昼的温暖和夜的清凉，天边的火烧云，此刻遇上了，二十年前遇上了，二百年前也遇上了，手头的一碗酵花水

（方言读“告花”）温良如玉，无可言述。

遇亲戚朋友三五小聚，爱上馆子。今天摆一桌，明天设一宴。东家点菜一向阔绰大方，大有山海之势。亲戚朋友，客气什么？吃不完便吃不完吧。不图活个场面，图的是个爽快。单是一桌普通菜色，动辄上千块。无酒不成宴，贵阳人喝茅台。富人喝，穷人也喝。名酒守在家门头，哪有不放血待客的道理？你一杯我一盅，干完这瓶再开一瓶，放完这件再拿一件。酒，是这么吃的。今朝醉过，明天再去菜场杀价，菜场如战场，兵不厌诈，两方面斗智斗勇，你来我往，虚实相接，阴阳并济。十七块的猪肉杀它十六块回去，两块钱的白菜砍个一块，一来二去，佯装要走，便能省五毛回来。日子，是这么过的。

这些是小场面。大场面，得摆二三十桌，有的人家更甚。越热闹自然越风光。常例，一张桌子上应有白酒一瓶，啤酒两支，香烟一包，饮料糖果（多是喜酒吃糖）或大份放中间，或分每客一小份。不同宴席，另有他礼。满月酒赠红鸡蛋，逢老人高寿或仙逝，则订寿碗。样样齐备，则各人心中有如明镜，是有礼数的人家。缺一样，开心的便过了，别扭的，出了场就嘟嘟囔囔，怎么连根烟都不发。喜糖鸡蛋几乎家家都拿，回了家却不急吃。兴许是要供起来，多沾沾喜气。日子一长便忘了，糖化在纸里，稀里糊涂一团，红鸡蛋成了坏鸡蛋，坏东西可吃不得，二话不说扔了作罢。唯白酒是一滴不剩，香烟不见得一桌宾客都抽，但不知谁一包全拿去了也是常理，是礼数。东家既摆出来了，不拿是拂人面子，有时人家还要硬塞，说带回去给没来的尝尝。谁抽还不都是抽吗？

点菜上菜，方能看出主人家的功夫。冷菜热菜，荤素搭配，鸡鸭一定要有，鱼虾也是例菜。可一年里生老病死乔迁高升，多少台酒，都是重样的，红白无差，倒弄得可喜可悲之事一样的喧哗疲惫。贵阳人是极重视吃的，宴席的流水线太程式，没花样，出了门各自散去，说“没吃饱”，烫碗粉，吃个夜宵蘸辣椒面。此时，若别家都点天麻炖鸡，忽上个掌中宝，就是新鲜花样。同样还是鸡，不唐突又合规矩。白灼虾蘸酱油，若加个芥末碟，则心有七巧。主人家还要催着守着上菜，顺序乱不得。先开凉菜哪许端出一个热菜？是热菜，岂能等冷了再上？席间，先同大家敬酒，再分桌分人敬。遇上不会喝酒的主人，客人皆体贴，“哎呀，都知道的，你别喝啦”。虽则也真心诚意地说，但大家都知道这酒是不得不喝的交情，又往深一层明白真知己不在杯中。“大家能来，是缘分，干！”桌桌地敬，客人干了，照吃照谈张三李四王二麻子，怪的是主人家，喝到后面便自发地要喝了，旁人劝拦不住。这一年的生老病死，像云雾后面的月亮，缺了圆，圆了缺，话哽在喉头，终究隔了层纱，参不透道不出的悲凉。再定眼看满堂宾客，却瞧不清一张张脸，声音也嘈杂，自己是怎么走到此刻此地的呢？

再喝一杯吧。

今天是什么日子？

生老病死的日子。

赶上吃满月酒，看了皱起眼眉睡觉的婴儿，没有说不像爹娘的。虽有人没见着的，但别人问起来也说可爱，像他爹娘。奔升学宴的，不一定记得那孩子长什么样，姓什么约莫知道，名字不很重要，知道是某家某某人的孩子就行。吃了名校酒的，暗恨自家小子不争气不长脸，好运气怎么都落邻人家。嗬！不争气。吃了二本三本的，想这是啥世道？从前只听状元酒，如今阿猫阿狗都办上了。啥世道？可三杯两盏下肚，月儿又在云纱后头高悬。人心都是肉长的，看别家小儿初成，孰不牵挂自家儿郎？月儿圆了缺，缺了圆，人间诡谲难料，今日妒人轻人，哪知我自家人命运，一朝沉浮？菩萨饶我，不该搬人是非弄长舌，做爹娘的，只求他平安喜乐。菩萨啊，万万保佑。月将出兮，为人父母，为人子女的千思万绪翻涌呼啸，慌乱中拉住宴席的主角，红了眼眶，“娃儿啊，出门在外要注意平安，顾好身体，让你爹妈省心，将来要孝顺啊……”孩子被酒气熏得躲躲闪闪，眼睛一瞟一瞟的，不知道该往哪儿看，生人灼热的目光让他有些羞，有些恼。那种亲亲的态度，比自己家的还亲。

生了，长了，死了。不过几台酒，十几盘麻将。东南西北风轮转，闷豆捉鸡清大对。在襁褓里，尚不知人间这一出周而复始的戏。长大些，就听长辈说，某家又死人了，得去帮忙，某家又结婚了，得去帮忙。红白喜事，听不出欢喜悲伤，新人是泥捏的，死人也是泥捏的。还有两桌升学宴，人家请了，人不到礼也得到。哎，怎么有结不完的婚，死不绝的人，吃不尽的酒？这月的工资都输光了，送光了。可这里的人，又老实打紧得很，百几十里的路，招呼一声就走，能上车的都上了，上不去的就给车上的人塞大红包，“一定帮我带到啊”。烽火狼烟的路上，一字千金，“好”。车马风尘，扬长而去。

“妈妈，为什么哭呢？”

“人去了。”

人去了，即是死了。死了，亲者是要哭一哭的。

“妈妈，那些人来做什么？”

碰！

“来帮忙的。”

七条，杠！

“帮什么忙？”

胡了！哦哟哟。哦哟哟。

……

“帮什么忙？”

差你几个了？啊哟，这招太阴了。

……

“来热闹。你不懂，边上去。”

笑声、呼声，永远胜过哭声，后者刚要起头，那致以“节哀”的笑声、呼声又随手将它拍下去，鼓盆而歌，不可坏了规矩。只剩循环播放的哀乐与之交杂。没声了，泪还在流，等泪干了，便无可哀悼。起身给麻将桌上的宾客添添茶，下碗面，哧溜溜，哧溜溜。人夸长大了，懂事了，辛苦了。大一点的孩子，似懂非懂地学样子，对小的说，“你还小，长大就懂咯”。等再大一些，俨然是全懂的样子，声音里有懂事的骄傲，还有几百年不属于他的疲劳。

雨落在泥里，总要干涸，留下些深深浅浅的痕迹，行人便以为它生来如此。人脸上的细纹沟壑，也是这样。

夜深了，人们不再说话。连牌声也懒洋洋的，眼角偶有几颗泪珠子，滴在手背上，嗒，嗒。电灯时远时近，明明灭灭，在眼里融化了，一副疲惫的模样。主人家在本子上记起账来，每姓每家的礼，都明细了，将来闭眼的时候才能还清世上的人情。等天一亮，就要去张罗设宴请酒，谢众人帮忙。点菜，催菜，上菜，鸡鸭鱼虾。自己家的酒刚收下桌，别人家的便摆上了。欢喜悲伤在热闹疲惫中囫囵吞下，一切都可以很淡。闷豆捉鸡，张三李四。三杯两盏，明月遑遑。

小城里的人们，一年四季都盖被子睡觉。风，从来很凉。幽蓝的月光掩在灰白的脸上，彼此不说什么，他掖了掖被角。

月光，怎的这么冰凉？

如果她顺利活到现在，和他结婚生子，两个人之间会出多少误会？他不知道自己会不会有这么多时间细细琢磨那些层出不穷的误会。这样一想，他就拥有了隐秘的幸运——没被生活考验太多的美丽的爱情。

天鹅之死

撰文　戴琳

夜色正在逐渐变淡，恍惚之中他意识到眼前的影子因为光的晃动而颤抖，但他提不起任何力气抬起自己的手臂关紧窗帘。他翻了身把自己舒展开，这张行军床中间的铁网已经因为年头太久而深陷，他正好又因为这样的漏斗结构蜷缩了起来，手臂折叠，把脸埋入其中。四周旋转着，一片黑暗混进轻柔的颜色，他模糊地意识到那是一团近乎透明的白色，如同天边的云团。这云团变换了几百几千个形状，最终都会成为她的脸。她的脸在狭窄的黝黑中闪出幽微的光，他看到自己站在梦中被她的脸包围，自己的手臂成为了展开的翅膀，就在下坠时心脏的停跳中他睁开了眼睛，擦去一身冷汗。

早晨醒来，面对黑黄的墙壁，他做的第一件事就是烧炉子做奶茶。炉子其实和火墙砌在一起，火墙中空，他总会想到干牛粪的烟是在火墙的肚子里跑了一圈，再从上面的烟囱飘到天上，这一切像是他正做的事情——坐在一张自制的、黄油漆都斑驳了的方桌子旁点一根卷烟，烟草和干牛粪总是被他这样联系在一起。抽完烟，他感到胃的褶皱都被抚平了，所以火墙里大概也光滑得挂不住什么尘土，想到这儿他咯咯地笑起来。但很快，因为自己的声音怪异得和噼啪的干柴呼应，他又笑不出来了。三十五岁那一年，他甚至想过去领养一个孩子，总和自己待在一处导致他惧怕自己的很多念头，比如此刻他嫉妒炉子和火墙总是像一对夫妻互相取暖，吞吐生活的灰。用白色麻布缝的奶茶袋子早就在沸水里反复熬煮，浸染了砖茶的黑褐色，去年朋友送的普洱虽然也可以用来煮茶，但这样的茶不够硬。所以他很珍惜老包装的砖茶，总是想拉一皮卡于夕阳中回家，那样的场景只有新郎抱着新娶的妻子在亲友的祝福中志得意满地回家可以媲美。只是想到独自一人的日子不知道什么时候会突然结束，在四周无人的草原深处他就算生病也只能咬牙自熬，不小心也许会一病不起，一皮卡的砖茶会被帮自己办葬礼的朋友们猜测成什么？所以他每次去车程半个小时的伊敏公社富强商店时只好就取一块，并偷着对架上的它们说再见。近年来，他总是想到自己的身后事，年过五十之后他感觉到自己身体的一半已经成为了“妻子”，这个“妻子”总是会拖住他的行动，实在是不可控。他不知道结婚多年的男人会不会对自己的妻子感到不可理解与无能为力。起码他现在对自己的另一半身体常常产生这种绝望的情绪。黑茶煮好了，他把刚煮好的黑茶先舀出一小锅晾着，大铁锅里还余下大概一小锅的量，这时候他咬开伊利袋装奶倒进去，用半个胳膊长的茶勺搅搅就算是早饭了。他会叹气，以自己没有发现的方式，先是深深吸一口，再慢慢睁大眼睛耸起肩膀，将这一口气慢慢舒出去。偶尔有人来拜访他，留宿后起床，都能听见他的叹气，每个人都会跟着他也深深叹一口。他是单身很久了，拜访他的人都以为那是因为没有女人早起给他熬茶才有的忧愁。在这个他不知情的被同情的时刻里，别人看到他的背影都是孤零零地缩在一起的。牛奶的质感却让他想起她。

牛奶和黑茶混在一起后泛出一种天亮时最模糊暧昧的云的色泽，那是夫妻生活的颜色。他就像嫉妒炉子和火墙一样嫉妒牛奶与黑茶。偶尔他会因此打碎一只碗，没有人看见过他蹲在地上捡碎片的样子，他的日子大部分都是只给自己看的。收拾起早上所有的狼狈以后，他马上就该去把羊放出来吃草了。放羊这件事其实并不会占据他太多的时间，在草原上，很多动物都保持着相当意义上的自由。在这一块地方，想要区分大同小异的羊群是谁的所有物就看耳朵，他的每只羊都会被他剪去半个右耳作为标志，他邻居的羊会被剪去左耳，更远的人家会在羊耳朵上钉上蓝色塑料标。多年以前，他根本不懂牧人怎么分辨自己的羊和别人的羊，所以她因为丢了羊去别人家的羊圈一个一个查自家的羊有没有被拐跑的时候，他总是很难为情。一方面是因为看到她是那样锱铢必较，一方面是因为害怕她认错自己的羊而产生误会。他记起自己有一次终于憋不住问她怎么认得出自己家的羊，她哈哈大笑，随手抓来一只给他看残缺的羊耳。他总是会因为这件事暗暗责备自己，怎么会在不了解事情是如何的时候就觉得她小气又固执呢？那时只有他这个不知道规则的外乡人感到了这件事本来没有的窘迫。如果她顺利活到现在，和他结婚生子，两个人之间会出多少误会？他不知道自己会不会有这么多时间细细琢磨那些层出不穷的误会。这样一想，他就拥有了隐秘的幸运——没被生活考验太多的美丽的爱情。

他是个小有名气的单身汉。在鄂温克人的小圈子里，这个四十多的男人给各家媳妇的印象总是懂事又干净的。他常常会被很多嫂子拿来跟自己的姐妹配对，嫂子们好心地给他介绍丈夫早逝的寡妇或者还未出嫁的老姑娘，理由无非是搭伙过日子。其实他早已经忘记了该怎么和一个女人相处超过几个小时，说什么呢？他记起年轻时候上大学，学的专业是历史，本来他该做一个历史老师的，他每天都会给她讲一些课堂上听来的故事，她会坐在炉子前面，一边添柴一边在炉底的锅灰中烤几个硬邦邦的饼。偶尔他觉得她全然没听进去就停下了话，她会顺顺自己因为干活有些松散的长辫子，好长时间才递给他一碗黑茶催他喝下去，仿佛以为他是因为口渴才不继续讲话。

“你讲的这些都是你平时学的吗？”她也会在结束了晚饭后，坐在羊圈的栅栏上，一边揪着腿边的草穗子，一边百无聊赖地跟他搭腔。

“是啊，我平时上课就是看这些东西。”他擅长做跟屁虫，她忙得四处转，他就像草原上的孩子似的揪着她衣角跟着她转，反倒比她还忙似的。

“你学了这些到底有什么用啊？你连是谁的羊都分不出来。”这时候他往往很生气，觉得她浅薄。但他不想跟她吵架，晚饭之后的黄昏是他们唯一能够什么都不做的闲暇时光。他虽气她看不起自己的专业，但还是会用秆子硬一些的草编一个戒指出来给她戴上。他时常会想起这些事情，这些旧的回忆会自动披上温柔的霞光，很像是美图手机里的柔光自拍。事实上，现实的场景却可能是在太阳落下后骤然的暗蓝里晃着，但这不重要。他一早就明白记忆如同历史一样会是残缺与虚构的真实。

他把自己的羊交给羊倌之后，就开车上了巴彦托海—伊敏公路，这一条路修建得十分宽阔与平整，几乎与巴彦托海镇内的主干道无二了。每个月他都会去镇上两次，看望朋友，补齐生活用品，买一些蔬菜水果大米面粉。今天比较特殊，这一次去镇里前，他的朋友给他打了电话，特地要他来新家叙旧。说是叙旧，其实他也明白，在喝酒之余，他这位朋友的媳妇会介绍女人给他。他想着这些，朝着皮卡车后座的书包看了一眼，里面有他刚洗净的衣物。年轻时候他穿什么都好看，但还是会在不多的衣服中琢磨出搭配来。那时候他留到肩头的长发，还自己剪出来个齐刘海。想到这他又笑了，他看过朋友怎么训斥自己的孩子穿奇装异服。如果有孩子，他绝对要给自己的孩子拍下很多照片，年轻时候的发型与衣着总是在多年后显得不可思议。“嗨呀！我当时太傻啦！”他期盼自己的孩子会有在成为青年之后看到自己中学照片时满脸通红地自我解嘲。自从进入中年，自己穿什么都是一个样，这样的认知几乎每天都会被确认。早上醒来他用冰凉的井水洗脸，还没等找到毛巾，脸就被风吹干了。他照着摩托车的后视镜，看着自己一张皱纹密布的脸，还带着井水与风轮番蹂躏过后的干涩。他不敢流露出任何神色，因为不管什么表情都会扯动脸上紧绷的皮肤，那种针刺的碎裂感会让他陷入过去的时辰。谁能想到自己的皮肤会跟自己的身形一样慢慢垮掉呢？只要不照镜子，就想不起自己已经不再年轻的事实。有时他羡慕她。她早就被火化了，身体一瞬间——或许也不是一瞬间，但相较于自己慢慢活过的几十年，也可算是转瞬——就消失了。他觉得慢慢失去自己的身体可能比死还难熬一点。

这条公路会路过一些湿地，现在刚好是四月中旬，天鹅陆陆续续飞回来了。在一处面积不大的水泊旁他停下了车。那些天鹅羽翅洁白，展开时会在腹部留下极暗的影子，这让它们在一幅画一样的场景中显出生气来，不然他就真的以为自己只不过是看到了一幅油画罢了。天鹅也会让他想起她。她虽然不太看得起他讲的历史故事，但是对周围的山川树木都有话讲，有一次她带着他骑摩托兜风到了这附近的另一处湿地，刚好在地上发现了一具腐烂的天鹅尸体。她一直瞧着蛆虫在它身上爬来爬去，一动不动。他的意思是想埋了这只死去的天鹅，她拦了下来。

“你猜它怎么死的？”她那时候的声音带着隐秘的情绪，他敏感地察觉这其中有些必须明白的事情。过了这许多年，很多的细节有了毛边，慢慢变得不那么真实了，唯有那一天他记得十分清晰。浅灰色的天和绵延的枯黄蓬草在极远的地方变成了黑硬的一条地平线，在地平线之外有一些更为尖锐的事物显出它们的尖顶，从那些尖顶吹过的风与今天的一样，带着幽幽的呜咽被撕开了好几个口子，所以他的头发一会儿被吹到脸上，一会儿又被吹在天上。当时她嫌蹲在地上太累，直接坐在了地上。

“它可能是饿死的，或者一头撞死的。”她知道他支支吾吾半天也答不上来的就是这些动物的习性。他张着惊讶的嘴巴问她这两种差异巨大的死法到底有什么共通之处，她眼里升腾起不祥。她折断一株异常鲜嫩且深绿的草——

多年后凭借放牧时候的经验，他才知道这种绿且健壮的草会在大旱时候成片生长——放在双唇间吹出三两个极为干瘪的乐音，也并不急于回答他的问题，仿佛刚才过度关心一具天鹅尸体的人并不是她。

“你会一直跟我在一起吗？”她眼中的不祥烘托出一股火焰，时隔多年，就算在记忆中，这种怪异的灼热还是会顷刻间围困他，那一刻除了肯定自己的爱情还能做什么？年轻时，一生只是情绪饱胀的一个瞬间，为了那一个瞬间什么诺言都能轻易脱口而出。他一边走回皮卡车旁边，一边举起手机拍下那些稍有风吹草动就飞离岸边的天鹅群，带着对过去时日的缅怀。该开车去镇里了，还要先去澡堂洗个澡，换身干净衣服。今天这身衣服是他几年前就买好的，那时候他被频繁地拉去和人相亲，大部分带着期待来的女人在看见灰头土脸的他和跟普通牧民无二的衣着时，表情都会像卡碟一样尴尬，而那些毫不在意他外表的女人，他也觉得看不大上。即便是互相看得顺眼，坐在一起又相顾无言，不知道该试探一些什么，哪些可以拿出来谈。他已经太久不和女人谈恋爱了，或者仅仅是谈一些日常的话题。这个年纪了，给她们讲年轻时候看来的历史合适吗？今天他又该聊些什么呢？

刚刚开进镇里，遇见第一个红绿灯时他小心翼翼地告诉自己进入了一个由红绿灯主宰的世界，什么时候该停车、什么时候该转弯都是提前定好的，他只要打破这个规则就会受到惩罚。这里的一切都不如草原里自在。他把皮卡开到金龙洗浴中心，在老市场一片挤挨挨的门市中，他看见了今天要拜访的朋友的越野车停在了副食商店前的窄道边。这位朋友近些年才买了车，总是会开车四处转悠，但他的车技又不好，顾前不顾后，车屁股上总有几处刮痕，为这刮痕他媳妇的脸上总会带有几分责备。他悄悄闪进洗浴中心避开了他的朋友，他知道今天这顿饭会十分丰盛。在澡堂闷热的湿气里，他探查着自己身上每一处机关，几乎所有的皮肤都黝黑且紧绷，常年的劳作带给他的不仅是风吹日晒，还有对抗自然所必有的强健体魄。只是他的肚子十分鼓胀，不知道他的内脏有什么变化。他忽然在澡堂昏暗的灯光里惧怕起面目模糊的独身的前景，那些在器官内催老的神秘力量不知道什么时候会在他不肯照镜子的时日里将他的皮肤也一步一步拉扯松弛，他逐渐失去对自己身体的控制，一些冲动的意念也越来越少地造访，这使他担心再过几年，自己会老得失去性别。澡堂内有一些年轻的男孩，他们结伴搓澡、大呼小叫，一副天不怕地不怕的样子，偶尔他们会谈到自己的女朋友，语气里不带一点爱怜且不加掩饰。旋即他笑起来，这个小镇的年轻人从来就没有变过，他们长大了也不会和自己以及身边的人有什么大的差异。他在猜测哪一个男孩会跟自己一样再也没办法找到合适的伴侣，打一辈子光棍，又或者他们最终找到了伴侣，日子却过得处处别扭。在一片氤氲中，她的脸也模糊起来，只是那长辫子上的碎发还是清晰得就像眼前睫毛上滴落的水珠。时间已经是下午了，他走出澡堂的时候在料峭春寒中狠狠打了个喷嚏，鼻子酸得差点流下泪。这时他的电话响了，是朋友。

“喂？到哪啦？赶紧来吧，吃的都准备好啦！”朋友热情洋溢的声音带着神秘，仿佛是带着善意与礼物的神仙。他应答着进商店买了一箱哈尔滨啤酒和一箱可乐放到了皮卡车后备箱，这两样东西是过年走亲戚串朋友的标配，是永远不会出错的配置。买好这些后，他在后视镜里看了看刚刚洗过的蓬松的头发，常年的日晒让自己的发丝变得发红发软，他有些讨厌自己身上出现的任何一种疲软，却喜欢女人身上的软。她那时候很瘦，那个年代任何人都吃不饱，加之起早贪黑地干活，她更是浑身没有几处软的地方，四肢都是硬邦邦的。他唯一能够想象的就是她的胸脯，在独处的时候他急吼吼地吻她，也会大胆地把手往她胸前那一处去。她有时候会生出大力气把手曲在胸前，但小嘴儿还互相贴着，有时候又温柔地张开轻轻抱住他的后腰。那是他最冲动的时刻。

他将车开到新区的欣园小区，这是刚刚建好的楼盘，年轻的小夫妻或者有钱换房子的夫妻会选择在这儿定居。

但这个小区离镇内远，稍显冷清。他毫不犹豫地踏上朋友家的楼道门，就像迎接自己的命运一般满怀期待又万分忐忑。一步一步走上四楼的整个过程，他都有着一种类似口渴的感受，他低头看见自己还穿着在看羊时穿着的马靴，下去换早就来不及了，只能蹲下身擦擦鞋边的污泥，但却找不到地方擦手。朋友穿着拖鞋下来接他的时候一点也不介意他此刻乱七八糟的状态，他一进朋友家门就看见朋友稍显富态的媳妇正穿着家居服给他拿拖鞋，还好他的袜子算是干净。一进门他就拘谨地坐在离门口不远的餐桌旁，餐桌上硬的透明塑料桌布映照出他一张模糊又扭曲的脸。几年前他常去这位朋友的旧房子做客，那时候朋友家可以穿着鞋随便进去。这些年他大部分朋友都换了新房子，比1990年代那些旧楼盘的房子大了一倍。朋友邀请他站起来参观参观，朋友的女儿却紧闭房门，这个看起来对新房子早已失去兴趣的少女在他进门时匆匆出来露了个脸后就进屋了。房子里的一切都透着一股崭新的木漆味，这味道一瞬间让他回想起她棺材的味道，她死得突然，棺材都是顶新的。

“喝白的？”朋友从厨房的酒柜里掏出一个瓷白的瓶子，他开始想起她来。他们谈恋爱的时候，人们常常饮酒取暖，她也不例外，实在冷极了就大口喝几口白酒，人瞬间就会通透暖和起来。

“啤的啤的，白的喝不了。”他摆摆手，朋友也不强求，把白酒放在桌上，转身又开了他搬上来的一箱啤酒。这一桌饭的时间，他都在等另一个人来，或者在等嫂子开口说一些他终身大事的问题。朋友和嫂子却一直在说一些年轻时候的往事，他们的女儿扒拉着餐桌上唯一一道素菜，不肯多吃几口手把肉，所以朋友的女儿也拥有硬邦邦的四肢。他不敢朝其他地方多看，只好盯着朋友一小杯一小杯灌自己白酒，顺带咂巴嘴。他想起她当时昂头饮下白酒的姿态。

“以前的白酒就装在一个透明玻璃瓶里，一点标识也没有，你看现在的白酒瓶子都特别好看。”朋友炫耀般摩挲着瓷白流畅的白酒瓶身。

“对，那个时候经常因为这个出事。”嫂子继续接茬。

“什么事儿啊？”朋友的女儿张着好奇的眼睛，急于知道父母语气里冷峻又模糊的故事。

“那个时候的摩托，都是电瓶的，电瓶里要加硫酸。牧民都是拿这种白酒瓶子，喝完白酒就往里倒硫酸，谁也分不出来，不少喝多的牧民忘了瓶子里的东西，直接拿起来就喝，死了不少人呢……”朋友又开始摩挲白瓷瓶子的瓶身，陷入了自己描述的场景。要不是这朋友只跟他有十年的交情，他恐怕就以为朋友是故意提起这一茬的了。朋友的女儿更加难以置信地紧皱眉头想象喝下硫酸的惨状。他不敢在这片刻的沉默里回想那个场景，就只好盯着朋友一家每个人的表情看。但就在这些发红的脸上，他又想起她喝下硫酸时的样子，她的舌头瞬间肿大，伸出来盖过了她的半张脸，她从舌头到胃全部被硫酸烧灼开，露出来的舌头都发黑了。或许是他盯得太仔细了，朋友媳妇嘴上的绒毛几乎叫他数清，他感到自己浑身都变得十分坚硬，恐惧勾连着他的头脑和脚趾，冲动着想夺门而去。

“不说这个了不说这个了，你以后有什么打算呢？还在伊敏放羊啊？”朋友媳妇一边给他把羊肉切成小块儿，一边用眼睛在他蓬乱的头发间搜寻着什么。

“对，别的我也干不了了，都这个岁数了。”他的话音还没落下去，朋友媳妇的脸上早已备好了遗憾的表情，他等待着她更进一步的问话，或者劝他找一个女人。但朋友媳妇转过头朝着自己的女儿努了努嘴巴。

“你这个叔叔是个大学生，”她故意停了下来等女儿露出疑问的神情，“为啥回去放羊呢，因为爱上了一个姑娘，还没结婚姑娘就……就过世了。这么多年我们都劝他再找一个，你这个叔叔可犟了，就说过不去这个坎儿，单身到现在。”

他不知道该不该接下这个话，说明自己其实另有一些心思，或者怎么样委婉地表明自己也不爱过单身的日子。就在朋友的女儿带着对自己故事听起来浪漫的那部分过度想象的眼中，他看见自己涨红的脸和发软的头发。有一瞬间，他几乎要哭出来，为自己孤身挨过的这几十年。这些年，他没有再被哪个女人抚摸过脸颊和头发，更别说身体的另一些地方，尽管他紧绷的身体仍然具备男人都有的悸动，但所有人都只看到了他身上另一个女人的影子。

“其实自己过也挺好的，你看我结婚还得给这俩爷爷当牛做马伺候着。”朋友媳妇意识到自己说了一些不该提的话题，只好试图找一些婚姻生活的不快来安慰他。

“你看你，净说一些什么胡话……”朋友和朋友媳妇就婚姻生活的不快开始了一番酒后的争吵，这样的场面他见过很多次了。很多女人都忍不住提起他坚贞的爱情故事，很多孩子都会在听到这些故事后带着一丝崇拜看向他，人人都爱提一些传奇故事，但在传奇人物面前这些故事恰恰不该被提起。朋友的女儿对着他温柔又略带歉意地笑了起来，这样的笑容令他焦急。他在朋友和媳妇拌嘴的间隙，掏出手机，想让关于自己的话题迅速过去，却只翻到了今早他路过水泊时拍下的天鹅，闪着一如既往不祥的色彩。

“姑娘你看，这是天鹅，今天刚拍的。”朋友的女儿接过手机，过于认真地放大屏幕，就好像是第一次看见这洁白的物种一般，大声地回复他：“哦！真漂亮！天鹅都回来了！”他的努力成功吸引了朋友以及朋友媳妇的注意力，朋友一家将脑袋凑在一起，都过于认真地盯着屏幕上被女儿放大的天鹅群。他重重坐下，擦了擦脑袋上冒出的汗。

“天鹅是最坚贞的动物，要是自己的另一半死了，它们也不会继续活下去了……”朋友又带着一番说教的口吻告诉女儿天鹅的事情，他知道朋友在担心自己的女儿紧跟如今一切都轻盈得可以随意抛弃的潮流。凌晨时他成为天鹅的梦境瞬间清晰地倒流进脑海，朋友的声音远在餐桌之外，朋友女儿的脸庞扭曲起来，渐渐成了他梦里常看见的那张苍白且怪异的笑脸，他感到自己坚硬的身体瞬间疲软了下来，诅咒一样的平静侵袭进他的身体。他隐隐悲哀地感知到今天这顿饭不会有其他人来了。

她死去很久了，他这样失神地想着，那天他们在天鹅尸体旁的一切又清晰地出现在他眼前，那天他向她表白自己的爱意后急不可耐地吻了她的嘴唇，顺势把本来就坐在地上的她铺平在干燥却柔软的蓬草上，他压在她硬邦邦的身体上，双手探向她唯一柔软的地方，随着她的柔软在他手中愈发真实，他身体的某处也开始胀硬发痛。他记到这里就记不太清了，他不知道自己有没有更进一步。这些年过去了，他没有再摸过任何一个女人柔软的地方，他有点遗憾，一生之中唯一一次最接近女人的时刻，他记不清自己是否更进一步了。她的尸体与那具爬满蛆虫的天鹅的尸体在他脑海里渐渐重叠起来。天鹅一定是饿死的，因为它把头埋在了两个羽翅中间，双脚也蜷缩进了自己的腹部，尽管它腐烂了大半，但他看清了羽翅之中天鹅黑洞洞的眼睛。他预感到自己再也不会被欲望胀满。一种寂静刺穿了他的身体。

仿佛她昨天刚刚死去。

或许我失去了某种辨识的能力，像一种慢性毒药一样让我无法察觉。辨识不了方向，辨识不了那些无法“只对就错”的事情，辨识不了自己。

密林

撰文　路丁

[一]

他站在我旁边撒尿，尿声犀利地传进我的耳朵里。我低头看了看，他尿在枯叶上，尿液四散飞溅，就像尿在硬皮革上似的。

我转身向前走了几步，看着远处的风景。但没什么风景可看的，只有无尽的树木，碧绿碧绿的树叶几乎遮挡住了所有的空间。几块阳光穿透下来，落在枯叶上再次被分割。树林深处有虫鸣，很响，仔细而专注地听的话会产生一种恐怖的感觉。

我听到他走过来了，脚踏在枯叶上发出的咔嚓咔嚓声在这个树林里显得格格不入。我们本身就是侵入者。

“继续往前走吧。”他说。

我点点头。

我们是偶然发现这个树林的，原先我们以为这只是一片小树林，但进去后，我们发现这或许不是树林，而是一片可以称之为森林的树林。我们越走越吃惊，等发觉时，我们已经被无数树木包围了。

“我从来不知道我们这儿还有这么一片森林。”他对我说。

“我也不知道。或许还有很多我们不知道的东西。”

我们踩着枯叶往前走，脚下一直沙沙作响，在这样一个静谧的世界里，任何声响都惹人厌恶，除了那些虫鸣，它们本身就是这个世界的一部分。我想更加小心翼翼一点，可枯叶到处都是，我的脚总能踩中一两片叶子。他倒显得若无其事，他从小就是这样。这点有时让我厌烦，有时又让我感觉轻松。

我们一边走一边往四处看，这里生长着许多不知名的植被，碧绿的深处像有着令人窒息的黑暗。这片森林太过原始，就像几百万年都不曾有人来过。我只在意一种生物——蛇。它们总是悄无声息地潜伏着，在你最不经意间就给你两个血窟窿，毒素进入血管后就拼了命地要将所有血管都占据。我担心我们进入了蛇的领域而不自知。

“小心点，注意看有没有蛇。”

“这里不会有蛇的。”

“小心点总没有错。”

[二]

我想起小时候的一件事，有关蛇的。

那两条蛇缠绕在一起，一开始我以为是双头蛇，我被吓住了。但我并不担心，因为四周围了许多人。那是在一条小道上，四周都是未被开发的土屋土墙，黄昏的光线映照着它们，有一种沙漠边缘的冷漠苍凉的气氛。

它们被堵在一个角落里，时不时有人捡起一块石头砸过去。我甚至对那两条蛇产生了怜悯的情绪。外婆用手遮住我的眼睛，她不想让我看这个场景，但她并没有叫我离开。在黑暗中有几丝橙红的光像云雾那般在我眼前飘忽不定，那是从外婆手指缝隙透过来的光线。我突然开始担心：那两条蛇会在临死前飞跃一次，轻轻咬一口我的脚腕。我的心理作用开始产生了效果，我的脚腕隐隐作痛。

我走在他的后面。我们本可以并排走着，但我想走得稍慢一点，我要观察很多事物。这时，他突然喊道："快看。"

我以为他看到蛇了，但原来是一棵残破不堪的树，另一半悬挂着，通体焦黑焦黑，只有一根较为粗壮的枝干牵连着它们。那断裂处还很新，可能就是昨天才被打断的。

"可能是被雷劈中了。"

"据说可以辟邪？"

“这倒不清楚，但看着这种现象总会感觉到一种命中注定的悲剧意味。”

他突然沉默了，好像被谁捂住了嘴似的，等我们走过那棵树之后，他才开口说：“注定这个词是不是本身就带着一股悲观意味？”

我听出他这句话并不是想要我回答什么。

我耸耸肩，继续观察四处，那些杂草中肯定潜藏着什么。我得在它们发动袭击之前就躲避过去。

“我以前有跟你说过吗，我小时候看见了一条双头蛇被砸死的事。”我突然发觉自己说错了，那并不是双头蛇，只是缠绕的两条蛇，但我没有改过来而是继续说下去。

“没有。”

他的语气听上去有点心不在焉，好像仍沉浸在那棵树和那句话里。

“似乎也确实没什么好说的。不过，有一点值得说一说。”

他走得很快，一大步一大步地踏在那些杂草上。地上不再像刚才那样有满地的枯叶了，我想我们应该过了一个区域。

“我现在这么害怕，其实是怕蛇来报复我。小时候不知从哪儿听来的话，如果你打死了一条蛇，那条蛇会将怨恨留在你身上，这种怨恨会传达给其他的所有蛇类，它们能感知到这种怨恨，就像是一种神奇的波似的。一旦你以后落单地走在蛇的地盘……”我独自“啧啧”了两声，想要驱赶脑海中的想象。

“可那条蛇又不是你打死的。”他像终于回过神来一般，用一种恍然大悟的声音对我说。

“但我是旁观者，旁观者在一定程度上是帮凶，可能也是最可恨的一种人，甚至比亲手杀死它们的人更可恨。”

他仍大步地走着。我看不见他脸上的表情，但他可能会因为这种小事而耻笑我，他经常这么做。

“我是搞不懂这些，不过我倒愿意相信这种事。”

这让我有点诧异。

[三]

我们走在一片密林之中，到处都是树，细而长的树。我要不断地侧身才能勉强不碰到树上，他也是如此，他的脚步终于慢了下来，要花精力和时间小心地扭转身子和脚步。树多到让我们恐惧。

“要不往回走吧。”我往后还能看见树与树之间的间隔不像此处这么密集。

“不行，难道你不觉得这样反而越来越有趣了吗？”他的声音听上去虽然有点干涩，但确实夹杂着兴奋。

我也不想一个人往回走，于是只好跟着他在这片密林中穿梭。

“最近发生了一些事情。”可能因为无聊，也可能因为他想说点什么，他沉默着走了一会儿后这么说道。

我绕过一棵树后走到他身旁，他呼出一口气，用右手擦去额头上的汗。我能感受到他身上透出的热量，热乎乎地包围着我。我吸了一口气，密林的气味，清新而压抑的气味。我们站住了一会儿，都尽量不到处看，因为向上是眩晕，向前也是眩晕，更不能选择向后。

我等着他继续说下去，但他没有再开口。我看了看他，他在缓慢而悠长地呼吸着，胸腔因为这样呼吸而稳当地起伏着。我又等了一会儿。

“算了。”他欲言又止，但最终还是停在了这里，不再说话。他继续往前走。

我觉得有些遗憾，悬浮在半空中的话语未免太可怜了一些。或许我该主动抛出疑问，让他继续说下去，我总是很想探知他内心的一些隐秘情绪——他几乎从没有表现出来过，就像一个古旧的、尘封着的黑木盒子一样。我曾经在他面前失控过，他却没有。但我缺乏这样的勇气，我被一种顾忌所牵绊。于是我只能沉默着。

阳光被彻底遮挡住，我们走在一片昏暗中，而这片密林似乎永远没有尽头。

“我们是不是走得太远了？”我说，我已经累得只能麻木地向前走了，如果一停下恐怕就再也不想走了。

我看见他看了看手表，我的手表在前几天摔在地上碎了镜面，但指针仍然在走动，可我已经不想再佩戴了。我估摸着现在应该已经差不多五点了，树林中肯定比外面显得更暗，在这里黑暗来得不容置疑。

“五点十分了。”他说，低下头，好像喘了口气又像轻叹了口气，“可我还想继续走下去。”

我想阻止他，因为完全没有这个必要，这个树林还没有足够吸引我到为它晚回家而挨父母的骂。我父亲的控制欲极强，要是我的行为有一点让他感觉到影响了他的控制力，他就会大发脾气。但他很少直接对我发脾气，通常是当着我的面冲我母亲发脾气。我知道他是故意的，但我没有什么办法。曾经有一次我试图挑战他在家中的权威，但母亲反而和他联起手来教训我。那天我对我的父母产生了一种模模糊糊的畸形的印象。

“还是早点回去吧，晚了我又会被骂，我昨晚刚被骂过。”我说。昨晚因为餐桌上发生的小事我确实被骂了，这次是母亲直接骂我。我总认为母亲在我看不见的地方接收着父亲的暗示。

我看着他的背影，他什么都没说，只是摇摇头，然后他取下他的手表，身子转向左边，使劲将握在手里的手表朝前扔过去。因为天色昏暗，我看不见他的手表被扔到了哪里，只听见“砰”的一声，大概是撞上了树干，然后是落入杂草中的窸窣声。

“你干什么啊？”我向他喊道，因为莫名其妙而感到一丝气愤。

“时间在这里没有什么意义。”

他现在突然说出这样的话反而让我觉得十分好笑，有些滑稽的味道。我这才开始明白一个事实，或许是有关我自身的一个真相，那就是当一个人在我心里形成一个固定形象时，只要他说出或者做出和我平日印象里完全不同的话或事，那他在我眼里就显得十分可笑和渺小了。尽管我不愿承认这一点，但他的身影显得越来越可鄙。这是没来由的，有时候我也十分好奇，一个人的喜好和憎恶究竟是怎么构成的？还是说我惧怕他做出一些改变？我在这片密林中想着这些繁密的事情，觉得脑袋眩晕。

“我要回去了。”我说完就转身向后走。

“你走不出去的。”他说。

我停下脚步，看着密密麻麻的树木，因为光线的缘故，更远处的树木像是活了过来，像玩一种木头人的游戏般屏声敛气。我想他是对的，走不了几步我就会完全失去方向，迷失在这片树林之中。我察觉黑暗在以一种缓慢但可见的速度降临下来，压迫得整片空气好像也变了质，生成一种折磨人的密度——既要你呼吸又让你难以呼吸。我突然又想到了蛇，夜晚蛇出没的几率会增大，嘶嘶作响的蛇，蜿蜒滑动的蛇，令人恐惧的冷血的蛇。

“一起往前走吧，往前会找到出路的。”他说。

我转回去看他，我似乎看到他的脸显出痛苦的神色，甚至带着一些祈求。

“你到底怎么了？”我问他，并向他走过去。

他只是摇头，我走得越近，他脸上的痛苦就越清晰地呈现在我面前。

“我只是突然觉得这片密林是我们注定要进来并走出去的。”

“你知道前面通向哪里吗？”

他摇头。

“那你又怎么知道……”

“我就是知道。”

［四］

我双手握成拳头垂在大腿两侧，想起父亲的面孔，那张凶狠冷酷的面孔，以及母亲永远都苦涩悲伤的面孔。我想到这可能是一个机会，哪怕是一个注定带着悲剧性意味的机会。我的心里升起了一股股波浪似的勇气和冲动，一层一层推着我前进，叛逆情绪化作浪花拍在我身上。

我看着他，他脸上的神色既痛苦又决绝，我想说点什么，但黑暗似乎压在了我的嘴上，我什么都说不出来，只是拍了拍他的肩膀。他的衣服被汗水浸湿了，湿乎乎的，而身体内还在不断地散发出热气。

我们又向前走了一会儿，仍旧是无边的树，并且越来越密集，天色已经暗到看不清树身了，只能看见一个细长的黑影，而那黑影也正在和无数黑影重合。无望的黑影蔓延开来，就像侵略压迫的怪物。我们开始伸出手臂探路，但发现完全做不到，因为到处都是树，树与树似乎在地底拥有同一个巨大的根，它们紧靠在一起，不浪费一点空间，到了要抬高腿跨过那些树的密集地带，我们决定在这里休息一会儿。

他发出一声低吟。我们一起靠在树上，甚至不能完全坐下或躺下，树不留缝隙地占据了这里。

"想想你的父母。"他突然笑着说道，声音干哑。

我闭起眼睛——黑暗更深——想着父母现在的神情。

"他们知道我出去是找你的，现在可能就在骂你，你知道……我父母……"

他打断了我。

"嗯，我知道，你父母认为我是个……恶劣到根本没优点的人是不是？"

“其实在他们眼中，我们都一样。”

一阵风吹过来，黑暗中叶子发出沙沙的声音，风掠过我们的身体，我颤抖了一下。突然地，我又想到了蛇，现在我已经处在了完全被动的地步。我在腿旁摸到了一片树叶，似乎还是新鲜的绿叶。我反复地摸着那片叶子，背面有毛茸茸的微刺感。

“我在学校发生了一点事。”他说道。

我转头看他，但只看到一片浓重的黑影。我听见拍击声，好像是他在用手掌拍打树身，有节奏地拍打着。

“到处都是树啊。”他说道，就像他刚刚才发现这个事实一样。

“是啊，我们好像只能先停在这里了。”

时间在黑夜中不知去向，有什么在环绕着我们回旋，在旋涡处的我们头晕眼花。我举着那片树叶想将它看仔细，想看清那上面的每一条脉络，但我的视线不知被拖进了何处，或许就消融在那叶子的脉络里也说不定。

“感觉我们好像在缩小似的，一切都在缩小。”

他顿了顿，又问了一句，“你有没有这种感觉？”

“可能是因为黑暗的关系……”

“不，不是。”他咳嗽了一声，“想喝水。”

我点点头没有回答。我再次举起叶子，放在鼻尖闻了闻，发觉没有什么气味。我看不见它，闻不到它，只能触摸它，触摸是不是胜过了其他感官存在？

“在学校好多水都被我浪费掉了，大桶大桶地倒掉。”他说。

我犹豫了一下，还是问了出来：“你在学校发生了什么事？”

轻微的拍击声再次响起，又戛然而止，像在引起什么注意似的。他没有回答我，我将那片叶子揉搓了几下，扔掉了，但没有听见落下的声响。

“蛇会不会要出来了？”

“我不知道。”我变得有些恼火起来，意识到我们身处黑暗中，完全陌生的黑暗中，一片陌生的密林的黑暗中，像是被水淹没口鼻时的危险的黑暗中。

“只要我们待着不动，蛇是不会主动攻击我们的。”

“为什么这里是注定要进来的地方？”

“我不知道，可能我就是想找一个困住我们的地方。这是绝佳的地方。”

“跟你在学校发生的事有关吗？”

他没有出声，而是缓缓地呼出一口气。

我想到了童年时期看到的那条被砸死的双头蛇——现在我更愿意将它们当成双头蛇，我说不出为什么——它们共用着一条身体，两个脑袋互相试探着，敏捷轻灵地有着某种律动。我思考那两个脑袋是有着同一意识的复制还是不同意识的双生。蛇的影像模模糊糊地浮现在黑暗中，然后化为比黑暗浅一点的灰黑色淡化掉。我突然想到父亲属蛇，父亲的控制欲就像蛇缠绕猎物不放时那般残酷冷血，但父亲的控制欲是天生的本能还是后天养成的呢？控制欲是不是一定就是后天经历带来的呢？控制欲难道不会成为血液里的一组基因而传给下一代吗？

我在黑暗中胡乱地想着这些事情，他突然像盲人探物似的碰到我，然后再确认无误地放心拍了拍我的手臂。

“我把那把吉他摔了。我突然想起要告诉你一声，毕竟你也借了钱给我买那把吉他。”

我睁大眼睛，在黑暗中这么做是没什么效果的，但我仍睁着。

“为什么？你故意摔坏的吗？”

“也不算故意吧，但怎么说呢……我知道那条带子要断了，可我仍那样提着、背着，还肆意地甩动，它从楼梯上掉下去了，琴颈从中间完全断了。”

“可能还可以修好呢？或者换一个琴颈。”

“或许我就是故意的，我潜意识里就想要那把吉他坏掉。”

“为什么？”我又问了一遍。

“我不知道。我也不知道为什么我想停在这里，被困在这里。我就想破坏那把琴。有时候我甚至想把那琴砸掉，握住它狠狠地砸在地上。”他突然咬牙切齿地这样说道，声音也大了起来，“就是因为买它还向你借了钱的缘故我才没那么做。”

我摇摇头，表示仍然不明白。我也不想让他看见我摇头。不知何时虫鸣声大了起来，像一种机器在颤抖中发出的嗡嗡声。我感觉出有些虫子在我身边飞舞着，时不时停在我的脸颊和手臂上，我耐心地挥舞着双手赶跑它们。

我听见一声轻微的咳嗽声，就像昏迷了很久的病人醒来后的第一声咳嗽，连接一个世界与另一个世界的声响似的。黑暗用一种威胁的方式助长了咳嗽的声势。

他害怕似的呻吟了一声。声音意外地传播得很远，像被扩大了，惊起了一些鸟类，鸣叫声和振翅声回馈过来。

咳嗽声开始断断续续地响起来，好像怎么也不能尽兴，想咳个痛快，想让这边的世界好好听听代表生之希望的咳嗽。

咳嗽突然地停止，寂静让黑暗显得更加黑暗，让人窒息的黑暗。

我们都没有出声，静静等待着什么，好像再多等一秒钟就会发生值得这种静谧和黑暗的重大的声音出现，就像一个启示，一个未知的、让人恐惧的但同时又放大了惊奇的启示。

“喂。”

“什么？”

他喘着气：“每过一会儿，我总以为你不在这里。”

“什么意思？”

“就是那个意思。我以为只有我一个人待在这里，你不在这里。你刚才可能在，但过一会儿你又不在了。”

“就好像会吞噬人一样。”

“就好像会吞噬人一样。”

“你想睡觉吗？”

“除了睡觉没有其他选择了。”

我们没有说刚才的咳嗽，我开始怀疑或许只有我一人听到。咳嗽在黑夜里不该被提起，任何声音在黑夜里都不该响起。

我们安静下来的时候，我听到了一阵嘶嘶声。我想到了父亲。

嘶嘶声越来越靠近，有如冷气一般渗入肌肤，我起了一层鸡皮疙瘩。

“蛇终于来了。”我说。

他像是轻笑了一声，“其实也不必害怕……”，他又喃喃了一声，“其实也不必害怕……”

我轻声“嘘”了一下，整个密林都安静了下来，唯有寒冰似的嘶嘶声传来。

我的心脏不受控制地胡乱跳着，耳鼓也躁动着。我强迫自己不去听那声音，我让自己想点什么，我想起那把吉他——他说摔断了琴颈的吉他，他向我借钱买来的吉他——我想不起来那把吉他的模样了。嘶嘶声依然侵略地传来，不容分说，威胁似的声音仿佛在震荡着某一条弦，弦在震荡之下越来越紧绷，下一秒就要断裂。

我闭上眼睛，黑暗里突然浮现出父亲的面容，母亲垂着双手没有生气地站在他的身旁。父亲的嘴巴不断张合着，但我没有听见什么声音，母亲仍旧那样站着，但却渗出阴森的恐怖气息。我像被梦魇控制住了一般怎么也无法从这画面中挣扎出来。父亲举着双手奔跑过来做出要掐住我脖子的样子，我想求救于母亲，但母亲没有任何反应。然后出现了一阵耳鸣，我的身体做出了某种抗拒的动作，然后刺痛从肩膀处传来。

那阵咳嗽又响起，就像印度的“吹笛舞蛇”，蛇随咳嗽声而来，也随声音而去。

“如果能生活在这里，你觉得怎么样，自己建一个木屋，食物也自给自足。如果这些都能实现，你觉得怎么样？”他的声音听上去很微弱，像困极了的人勉强开口说话一样。

“挺好的。”

“你被咬了吗？”

我点点头。

“我也被咬了。”

“这会不会就是你说的那条双头蛇的报复？”

“是整个族群的报复。”

“记得白天看到的那棵树吗？”

“嗯，你想说辟邪吗？”

“可能适得其反。这样一说，似乎很多事情都是适得其反。”

“惹人厌吧。”

“还累。”

“睡一觉吧，明天就要出去了。”

我们没再出声，死亡在安静下来的那刻出现。恍惚中，我似乎还听见了被扔掉的手表的滴答声，或许还有被摔断的吉他发出的琴弦声。所有被抛弃的，都将回归，在死亡的那刻。

[**五**]

天亮的时候，我们醒过来，伤口只是两个红点，倒像是被蚊虫叮咬的一样。我不知为何没有劫后余生的感觉，我问他有没有。

他看了看包围着我们的密林，摇摇头。

“把手表捡回来吧。”

“嗯，不过也可能找不回来了。”

我们选定了一个方向——觉得是昨天来时的方向——开始往回走。天气不如昨天那么好，但十分凉快，可以听见树叶的飒飒声。我们一边走，一边注意着脚下有没有手表的影子。我想着很多事情，但因为要想的事情太多了而理不清任何一件事。空气似乎有些浑浊，好像蒙着一层粉状木屑。我转头看了看他，他的神色有些萎靡，脸部僵硬，像个机器人似的，我想我的样子应该也是这样。我们好像很久都没有吃过什么东西了。

“等等，我去撒尿。”他突然说。

我觉得自己像是回到了昨天。

“我们很久没喝水了。”我说。

“那又怎么样？你想喝尿？”他走到远处，一边解裤子，一边对我说。

我揉了揉眼睛，让自己清醒一会儿。这样不错，这说明他已经是他了，昨晚在那样的黑暗中，或许他是别人也不一定。

他的尿声仍保持着某种力度钻进我的耳中，而我丝毫没有尿意。

“回去之后做什么？”我问。

“不知道，什么都不做。还是那样。”他从远处回答。

“还是得去上学吧，下午就得坐车去学校了。”

“对啊，估计是这样。”

“昨天是怎么回事？”我犹豫着，决定还是问出来。

他没有回答，抖了抖身子，转身向我走来。我们又向不知道什么方向走了一段路，中间也常常因为树木密集而隔开走。

“像发了魔怔一样，好像困在一条路上，走不出来，钻牛角尖，加上这条路也走不出去。两面都走不出去，两头堵，唉。”

我没有说话，头晕乎乎的，像低血糖那样的晕。

“不说这个了，没什么好说的。”

我们没有发现周围有什么变化，仍是那样密集的树木。即使是阴天，我们都走出了汗。我觉得肩膀上的两点红上有汗水流过，酸酸的，刺刺的，有些发痒。

“看看你的伤口。”我说。

他将右手臂伸到我眼前给我看那两个红点。我又将我肩膀上的红点给他看。我们都莫名地点点头，好像明白了什么，知晓了什么，但其实什么都没有明白。我们都走了一段时间，我感觉很饿，头重脚轻，又突然来了尿意，我对他说要去撒个尿。他点点头，将身体靠在树干上休息。

我向旁边走过几棵树，头靠着手，手靠着树，开始解开裤子，那过程好像排出的不是尿，是某种更实质的东西，是从更上处流经下来的东西。我听着淅淅沥沥的声音，声音中夹了不同的声响，我低头一看，表盘被冲刷出一角，粘着树叶。我高兴了一下，尿到了旁边，等尿完后，我捡起手表，在衣服上擦了擦，完好无损。我拿给他看，他也蛮高兴，戴回到手上。

“这是个好兆头。”我说。

他没有说什么，但神色有些硬邦邦的，过了一会儿他说：“没想到，只是将丢掉的东西重新捡回来而已。”

我没有说话。

“纯粹的字面意思。”他补充道。

我们发现树木不再那么密集了，就好像我们穿越了一道屏障突然就来到这里似的。我们继续向前走，看见了那棵被劈断的树。我们点点头，没有说话，继续走着，好像接收到某种意识，带着一种共性的意识。

我咳嗽了一声，空空的咳嗽声，这让我们两个都悚然一惊并且停住了脚步。我静听着，希望能听到一些不寻常的声音，但没有听见。

“都是梦。”

“什么？”

“我说，这些都是在做梦。”

“不能就这样全盘否定。”

在快要出去的时候，我们都已经筋疲力尽，出口越在眼前反而越没有了动力。我站着闭上眼睛，有股力量拖拽着我向四面拉伸，我抓住一棵树。

“不对！”他大喊一声。

我睁开眼睛，他站在离我几步远的地方，茫然又急迫地四处看着。

“什么？”

“这不是我们昨天进来的那个地方。”

我的脑中一片黑暗，深得什么都侵入不了。

“这里不对，完全不一样。”

“哪里不一样？”

“哪里都不一样，你自己过来看啊。”

我走到他身旁看，我喘息着，好像跑了很远的路。我看不出哪里不一样。

“昨天我尿在这里一棵树下的，我还记得，现在你看看，一堆石头和叶子。”

“可能你记错了。这里怎么分得清具体位置。我们就是一路走回来的。”

“不可能的！”他大喊，“不一样，这里不是昨天我们进来的地方。”

我摇摇头，“我很累了啊，不要玩了，早点回去吧”。

“迟点还得去学校啊。”

我一说完就感觉到一阵没有实质的击打，像一阵突如其来的响雷那样击打在人的心上。我看着周围的一切，没有什么变化，没有什么熟悉或者陌生，一切都是本来的样子，但我知道，或许我失去了某种辨识的能力，像一种慢性毒药一样让我无法察觉。辨识不了方向，辨识不了那些无法“只对就错”的事情，辨识不了自己。

他像在点头也像在摇头。

“这不是妥协。”他突然说。

我点点头。他迈开步子，脚步虚浮，但又显出独特的坚定。树叶咔嚓咔嚓作响。

我咳嗽一声跟上他。

中国社会

浪费自己的年轻人

是常态。

It is normal for

Chinese society

to waste its own young men.

许知远 | Xu Zhiyuan

公开信

073 我们时代的陷阱

晓宇、任宁、吴琦

这一代人，尤其是年轻人，是自带解构的。他们不需要去学校里取经，拆解身上宏大叙事的痕迹，因为解构是他们生活的基本状况。对于社会或消极或积极的抵抗，不是强力的推翻，是一种深刻的怀疑。

我们时代的陷阱

撰文 晓宇、任宁、吴琦

Letter 1
晓宇 to 吴琦*

吴琦：

我从一个对谈会上回来，碰见下雪，纷纷落在庭院，屋里听不见风声，安静得很，正好摊开纸给你写信。对谈是我与历史学的朋友，题目起得吓人，叫“何所期待？下一代人的政治和历史”，有些故意激起听众参与的意思。意识形态、制度变迁、技术革命，蜻蜓点水地沾了一遍，讨论如期而至。但热烈过后，回来的路上，忽觉一阵徒劳。批判和宣言说过了，可生活明天回到常态，终归没什么改变。我想起来上次你主办活动后，也是这样的状态。那时候 Eva 问我，老七怎么总愁眉苦脸。我揶揄说，那是公知的 Poker Face，

* 写信人：晓宇，牛津大学政治学博士在读，共识学社创办人和撰稿人，想把深刻的观点写成好读的故事。

现在冷暖自知。所以你瞧，讽刺还是不妥，害人害己。

对谈会上，我们从启蒙话语的衰败聊起。有人说启蒙早就败了，但它总是回潮。我们还抵不住进化的诱惑，希望事情向前，带着自己一起走。自己所处的环境，新文化来了一波，1980 年代又是一回，现在大家想起来，说朝气蓬勃，可见仍是怀念。启蒙让人想起年轻力盛。年轻是常人的良梦，但终有醒来照镜子的时候。启蒙叙事倒下后，在老东家欧洲也扶不起来。哈贝马斯败了，“好的论点”没能在嘈杂的世界脱颖而出。理论上的缺陷和实践上的否认是两回事（我还不至于刻薄到海登·怀特［Hayden White］那样子，称呼“老哈”理论上是幼稚的），启蒙叙事是在近来的政治中才失去行动魅力的。

结果呢？结果就是“娜拉走后怎样”的追问。抛却了进步，真理和目的性的追求，从后现代的词语中可翻不出继续生活的指导。后现代教你脱了衣服跳河，但你出来之后仍然是一丝不挂的害羞。鲁迅当年在北京师范学校发表演讲，说《玩偶之家》的女主角娜拉夺门而去，“不是堕落就是回来”。这话不单是讲给女性主义者听的，是说知识分子的普遍境遇。精神上的批判过把瘾，然后呢？

然后我们迎来了叙事的停止。想来有趣，有那么一阵子，无论是创业 BP（Business Plan，商业计划书）还是学术 Paper，皆是讲究“故事开头”。不是我们曾经离开了故事，而是现在要以怎样的故事来替代过去的故事。个人视角和情感表述，似乎取代了理性的论证说教。对于那些宏大的叙事热情退散了，如今恐怕还存在着风貌的只剩下商界和科技界：他们仍然相信自己处在上进的时代。

常人不再把个人经历置放在一个“大故事”下。

“民族自强”“现代化”“市场经济”的叙事，曾经潜移默化地渗透到个人生活里。即便去反思这些叙事的人，也是靠着这些“大故事”的力量存在。现在呢？不是没有信仰，而是没了叙事。寻找宏观叙事，成了一股老旧的时尚。政治家耗尽唾沫，理论家穷尽笔墨，大众百姓终归是不信了。你要说这是积极反思的结果吗？我看有些过于乐观。

前一阵子重翻《傅雷家书》，和小时候读的感受相去甚远。傅雷对身处海外的傅聪的寄语，仿佛是自己父母挂在嘴边的话，无非是你要如何管理时间、交际，勤于事业此类，真是像长辈的唠叨。书的结尾，有杨绛的文（她写人比钱老温存多了），还有傅聪的附言，讲到他的顾虑，因为书信中父亲对于当时发生在自己身边一系列的事情好像不是批判和怀疑，而是充分地接受和改造，和含着“赤子之心”赴死的坚硬人格有“不太相符”的地方。但那是一个时代的烙印，即便再坚硬的知识分子，也会把个人和宏大的叙事联系起来。

要说如今的每一个人都比当年的傅雷更有反思精神吗？我不信这样的假设。只能说对于“大故事”的怀疑已经成了主流。人们切身体会到了时代的不确定，对于不置可否的语气，心里打起鼓来。我上次同你说过，这一代人，尤其是年轻人，是自带解构的。他们不需要去学校里取经，拆解身上宏大叙事的痕迹，因为解构是他们生活的基本状况。对于社会或消极或积极的抵抗，不是强力的推翻，是一种深刻的怀疑。

我们看到各种“亚语系”的繁荣，无论是处于几次元，这些故事语言的核心，是不再和传统叙事争夺一个空间。我自行于另一个空间，这是文化上的平行宇宙，事实上就是我们当下的世界状况。精英越来越无力，似乎触不到“受众”；传统的反抗同等地无力，因为找不到“同志”。这真是后现代版的“杯酒释兵权”。现在对新兴的政治力量通称“民粹”，因为在他们身上找不到熟悉的宏大故事，但说到底，他们的民众是谁，也抓不到切实的身影，是一股情绪，一阵怀疑的目光。我挺喜欢的法国哲学家雅克·朗西埃（Jacques Rancière）说，政治不是寻找共识，而是打破常规，是非共识、未完成的状态。他算是捕捉到了当代的政治特色。

在解构成为主流的时代，讽刺是普遍的修辞，焦虑成了时代的精神。我们看到现在对于事件的反应，不是那么热烈的支持或批评，取而代之是讽刺。讽刺当然是怀疑的体现，但怀疑背后呢，没有取代它的东西，所以只好去嘲弄现实。英国人是喜欢讽刺的，避免直截了当的对抗和追根到底的纠缠，讽刺给人洞穿世事的错觉，抢得心理上的安慰。可要大家都成为英国人，世上可是要无趣多了。

不依靠大故事，被怀疑占据的内心是复杂的，好像没什么目标，没什么可做。儒家的入世完蛋了，还没超脱到出世的道佛，占了上风的是持久的焦虑。大家认为年轻人在焦虑车房和阶级流动，其实真正渴求这些的人在埋头干事。焦虑是先知性的怀疑，是潜在的感觉，是感觉到了这些渴求实现之后，也没法填充的东西：缺股子劲。我们当今最怕的问题，“有意思吗”和“然后呢”；最普遍的回答呢，“没意思”和“不知道”。要是循着克尔凯郭尔的意思，焦虑不失为一件坏事，因为选择多起来了，才有“自由的晕眩”，故成焦虑。可他背后好歹顶着宗教，能回归到终极价值去。我们焦虑起来，惶恐地选择一个故事，可不是有什么终极彼岸能给得救的。

回到我们自己，失去了宏大叙事的支撑，我们的个人故事怎样？还能怎样，只好继续下去。不用硬着头皮，不好垂头丧气。寻找新叙事，包含不确定性的语言。但肯定有人要继续怀疑。我们的对谈结束后，历史学的朋友走来，说你们学科才渴求新的意识形态，我们历史学早就司空见惯，都是徒劳无功。可见，做一个入世的历史学家，和做出世的政治学家，同等稀罕。

雪歇下来了，正是出去走走的时候。见信祝好。

晓宇

Letter 2
吴琦 to 晓宇

晓宇：

好久不见。

收到来信已经有些日子，虽然网络上一直联系，但真要提笔写信，还是觉得困难。

此刻我刚到书店的办公室，意识到今天没有特别紧急的事，没有提前安排的会议——做编辑工作以来，这种时刻最让人感到清闲，于是坐下来，做一点编辑爱做的事。

你曾经嘲笑我的，我也嘲笑过别人。过去我很受不了那些在公共空间大放厥词、在个人生活里损人利己的人——到今天也是如此，道理很简单，这种人不可信。而当我发现自己也不可避免地进入内容行业，身在漫长的言说传统之中，就发现没那么容易和我所反对的人划清界限。那感觉就像是参加一场接力，前面的人跌倒了，你不太可能直接跨过他，你只能从他跌倒的地方继续往前跑，他的尴尬也是你的背影。因此困难的问题便不再是我们怎么说，而是怎么做，“公知”倒掉了，你我如何选择？

听说你们在牛津讨论“下一代人的政治和历史”，想起我们在北京也讨论过“改变世界如何可能”，但过去的世界到底是怎样的、此前的政治和历史实践为什么失败，对我而言，这些问题始终没有厘清。看近来许多年轻作家、导演试图触碰历史的新作，都有强烈的失焦感，一种模糊的、无法深入的有心无力。是继续忧郁地偿还20世纪的债务，还是在它提供的进步基础上进行释放和改造，决定了我们对“新人”的想象力，我们对此似乎也存在分歧。

我想我们都同意的是，你说人们对于“大故事”的兴趣已经破碎殆尽，不管是左翼关于“共同体”的共识，还是新自由主义在高歌猛进之中已然显露的危机，在修辞和实践的意义上，都不再具有未来性。人们失望过了，好像也反抗过了，社会在一种显著的沸腾中又保持着惊人的镇静。

但我一向不太认同福山那种“终结”的语气，更广地来看，这只是精英的危机，更具体地说，是对主流精英所提供的那些社会方案的怀疑。这样的判断在多大程度、多大范围上有效，始终显得可疑。历史的主体是什么？民众是谁？这些曾经撕扯知识界的问题，如今彻底变得不可回答。那么，弥漫在我们周围的那些解构、焦虑、讽刺和虚无，它们背后到底是什么东西？恐怕只是些高级的沉默和精致的回避，是他们无力解释现实、无法触及未来的借口。

在这个意义上，叙事停止了，也该停止了。而接下来令我们焦急的问题是，新的叙事或者叙事的替代品是什么？这也是我试图在编辑工作中寻找的答案。传统的文学、新闻写作常常令人厌倦——倒没有严重到说整个写作范式需要更新，而是在那些形式的游戏中，内容的核心常常丧失了。我们关注的到底是什么问题？在写什么样的人？怎么写人？大家都在那些已经验证过的、安全的前提下写作，没有真正去面对问题。

寻找新的讲故事的人，更重要的是寻找直击要害的故事，以及故事的要害。最近的阅读体验，的确是那些不以写作为生的人更容易打动我，有时甚至能够如巡航导弹一般击沉那些陈词滥调。但这话一说就错了，大量已经处在“结构”中的作者，也能提供这种速率——他们在这一波变化以及新的阅读界面中被忽视和压抑了。这里并不必然要举出打工文学这样多少有些特殊的例子。作者的来源其实是相当广泛的，教授、学生、白领、工人、农民、网红、段子手……在他们的叙述，尤其是自我叙述中，我隐隐感到了变化，那种不再回避也不能回避的直接、有力的摩擦、诚实的感染力。《单读》如饥似渴地想汇聚这些声音。

我不知道是不是传说中互联网的巨大影响，直到今天才真正下沉到更广阔的阶层，让这些声音浮现。那么在互联网之外呢？某种社会转型是否也在准备之中？周围似乎没有人可以给出确凿的答案。这不是一件坏事，或者说我希望不是。车到山前，无中生有，写作和过日子一样，最后都得靠自己想办法，才能走到终点。当别人无法替他们作答，他们自己会开始回答。而我们——还在奢谈“改变世界如何可能”“下一代人的政治与历史”的这些人，也应该提供自己的版本。

在这个意义上，人与人是真正平等的，我们都在时代所设下的陷阱里。

最近我感染了一种“流氓”式的乐观，可能也是来自中国文化的教益，认为万事万物都是起点。与其说启蒙败了，不如说启蒙正在开始，我们有幸见证这样一段泥沙俱下的时期，没有清晰的（总体性的）目标，只有混乱而盲目的激情。变化往往就是在这种时候钻到历史中来。无限的悲观，倒过来，就是等量的可能性。这固然不是“积极反思”，但也许是阿伦特所说的“积极生活”（vita activa）。

这其实也是被包括你在内的朋友们所说服的（包括身处投资界的任宁，希望他也可以加入我们的讨论中来），你们展现出一种更加积极地面对科技与商业的姿态，比如，向他们学习面对问题解决问题、兵来将挡水来土掩那股劲儿。

试问我们的同行、那些潜在的“战友”，谁有这样的决心？多数人刚刚看到夕阳、刚刚听到号角，就已经四散不见了。

当然这很可能是我的自我催眠，为了面对日常工作找来的心理依据。不过，以个人为单位的叙事，正是今天这个世界最基本的叙事单元。它是唯一确凿的事，从传播效果上看，也的确方便大家批判和理解。在福柯的意义上，这也许可以叫作“作为方法的自我”。那些号称关心世界、关心人类的人，是不是真的把世界的危机当作自我的危机，将其视为一个互相内化的过程、一场共同的困难，而不把彼此当作辅助的框架、解释，或者外部的场所，从而真正走在世界中，成为其中的一个故事，一个接受考验的样本——哪怕最后成为野值。那感觉应该就像你所引用的那个词，“自由的眩晕”，可能只有在这种眩晕中，才能获得“本体论的安全”。

最后，的确有几位入世的历史学家可供我们学习（不知道你能不能提供几个出世的政治学家的样本？在今天的政治光谱中，后者似乎更稀缺一些？）北大的李零老师、罗新老师，都能写漂亮的文章，而且一点也没有徒劳之气。前阵子在书店碰到的法国历史学家伊凡·雅布隆卡[1]，

1 伊凡·雅布隆卡（Ivan Jablonka, 1973— ），法国当代著名历史学家、作家，著有《蕾蒂西娅，或人类的终结》。

从 2012 年开始也主动停止了令他厌烦的学术写作，转向了更通俗的非虚构、随笔式的写法。我想还有更多这样的人，他们还在想办法讲故事，其实方法和故事，都未必是新的，但对于理解甚至改造世界来说，依然具有效力。

希望我们所谈种种，也能尽快付诸实践。

期待今年在牛津见面，那时应该已是夏天。

我还一直记着你劝我别往发达国家跑了，那里只有困局，没有解药。最近，也有另一种声音愈发强烈地在心中泛起，算是对我们共同的提醒：此时此地，目力可及的生活，才是自己的阵地。

吴琦

Letter 3
任宁 to 吴琦*

吴琦：

距我们前次北京雪夜之会后半月工夫，上海街头已多穿短装。难怪人家讲“春有四季”了。

那回你示我以晓宇的来信（很巧，他也言及下雪），上周又读了你的回复，阅后感到其中最可一聊的话题，是我们应如何与整体转型中的社会相处。如“有意思吗”和“然后呢”般的哲学思辨古已有之，无非我们现在仿佛一台雷达失灵的自动驾驶汽车，冲向路边护栏，与它迎头相撞。

在某集谈及北京地铁卡上“建设数字北京，享受现代生活”文案的“迟早更新”播客里，我引用了《纽约客》

* 写信人：任宁，风投基金 ONES Ventures 管理合伙人，ONES Idea 媒体实验室主理。

早期非常重要的作者 E. B. 怀特（E.B.White）的话："若世界全然是诱人的，那便很简单。若世界仅仅充满挑战，亦可无甚问题。但我每早总在改善世界与享受世界两种欲望的拉扯中醒来。这让规划这一天变得很困难。"

重点在最后：规划何难？按字面理解，熟谙合理分配时间之道的产品经理大概会推荐类似 OmniFocus 那样强大的任务管理软件。但我觉得这里令 E.B. 怀特碰壁的问题在于内心的区分和验证：手头所忙之事，究竟是什么？尚在 20 世纪的现代主义热潮之中，一位敏感的美国作家就隐约发现自己无法做到单纯改善世界一小时，然后再单纯享受世界一小时，因为从某个时间节点开始，二者已然融合，再无清清爽爽、非黑即白的分野与界线——黑白颠倒，或者，黑白作为单独概念已经不存。

这般感受，简直是现代转向后现代时人们会经历的典型烦恼。现代主义虽有强烈个人化色彩，却依然追求集体意识和认同感。而后现代性的基本盘，是含糊了事般的"怎样都可以"。晓宇写"人们切身体会到了时代的不确定，对于不置可否的语气，心里打起鼓来"，你问"弥漫在我们周围的那些解构、焦虑、讽刺和虚无，背后到底是什么东西"，这自不必言是对宏大叙事热情的退散，但我更多看到的，是后现代主义树立或维持一种主流价值观的能力和动力的消失。

你引用福柯，使我联想到他在评述康德的《何为启蒙》时提出，是否能把现代性看作一种态度而不是一个历史时期。福柯笔下所谓“态度”，是指与当下现实发生关系的模式，指一些人所做的自愿选择，是一条思考和感知的路径，同时也是一类行为方式。它既是某种属性的标志，也表现为一项使命，有点像古希腊人说的“气质”（ethos）。这种态度使人得以把握眼前境遇中的英雄主义。现代性并不只笼统地是对短暂现在的敏感介入，更是一种使汲汲营营的日常“英雄化”的意愿。

这在当下流行文化的“内容产业”里尤其可见。感谢高效廉价且广布的互联网基础设施，富媒体技术将一切都放大得纤毫毕现。晓宇言及“文化上的平行宇宙”，令我想到以前打开直播平台，以及现在玩短视频 App 时的观感。展现在用户互动界面上的一个个播放按键，像极了一个个平行宇宙的轻松入口。每个平行宇宙看似毫不干涉，各得其所。它们有交集么？当然，但程度会比许多人想象得浅。比如“二次元”的 ACGMN（动画、漫画、游戏、音乐、小说）里，热衷国漫和追捧日漫的圈子可以互相瞧不上。日漫群里，喜欢附田祐斗的人会嫌弃古谷实是变态和傻瓜，连冈崎京子和松本大洋这样在我瞧来风格相近的漫画家，粉丝都会为争谁更厉害而为偶像出头，辩个不休。

年轻人们的确怀抱着“深刻的怀疑”，但他们的怀疑指向并不仅限于主流传统，也包括与自己同级别的故事和语境。“英雄化”意愿依然普遍存在，但就像“复仇者联盟”里那样，英雄数量一多，便少不得令观众记不清楚谁是谁，以及谁的传奇事迹更情词可悯或更能燃燥心绪——除非你是资深漫威迷，或者是某个角色的重度拥趸，才能替众好汉排出心目中的座次。克雷格·卡尔霍恩（Craig Calhoun）写过，“阶级”说到底是个人主义的概念——起码马克思主义的“自在阶级”是这样的，根本上是将有许多共同地位的人归为一类。但目前，要毫无争议地“划定成分”越来越趋近不可能，就像你没法替海滩上每颗沙粒都取一个名字。个中最值得拎出来讨论的问题，或许不是挠着头皮的历史学家与政治学家们该“出世”还是“入世”，而是“世”本身——我指的是人群，或曰阶级，被严重割裂了，在范围和程度上全是如此。

这当然会令人尴尬困惑。前日就碰到个案例：与一位从事“消费升级”的相熟朋友聊天，她大倒渠道运营方面的苦水。厮杀激烈的红海品类要在淘宝上进入买家视野，不花钱几乎无计可施。就算愿意付费优化搜索结果，其成本之高，基本是把从淘宝上赚的钱又全数掏给平台，约等于徒劳。林林总总的垂直电商又圈定了各自版图，攥紧手心里的核心用户，建起座座带围墙的花园。于是“没有银弹”[1]的品牌方想卖货，只能挖空心思做“增长黑客”（growth hacking），一家家谈过去。其中所耗人工之繁，她开玩笑地说，竟生生地把科技公司搞成了劳动密集型企业。

但这盘散沙里也含有极丰富的养分。你问“新的叙事或者叙事的替代品是什么”，又说“最近的阅读体验，的确是那些不以写作为生的人更容易打动我，有时甚至能够如巡航导弹一般击沉那些陈词滥调”——我不认为这如你所称“只是精英的危机”。此事所涉群体远比“精英”来得广泛，而且亦可不以“危机”视之。

例如，有网友说抖音和快手上的主播就是靠“跟着节奏做傻事”来换取流量，但借你的说法，它们的背后到底是什么东西？吸引眼球的，究竟乃是情景的差异之处带来的出于猎奇的关注，还是人性共鸣的回响引起的共情？大概二者皆有。而一定程度的“隔阂”在其中颇为微妙地发挥着有益的效力——维持距离感，才能启发出创造力，才能保证“文化杂交”不至于成了近亲结婚。就好比说，先

1 No Silver Bullet，“IBM 360 系统之父”弗雷德里克·布鲁克斯（Frederick P. Brooks）将其比喻为没有任何一项技术或方法可使软件工程的生产力在十年内提高十倍。也可指兜里缺钱。

要有了貌似牢不可破的“第四面墙”和“次元壁”，方可令人心生“打破第四面墙”和“穿透次元壁”的英雄式冲动，墙壁轰然倒塌后，残垣衬托出的新天地也才会格外缤纷鲜美。

我们看到“自带解构”的年轻群体（但与“用户画像”上的年龄无关）以个人化的方式融入社会，借此体验自己与他者的丰富生命。“没意思”和“不知道”或许只是“有意思”和“知道了”的另一种暂时性的表达。与其说这是“时代所设下的陷阱”，倒不如说眼前是一片充满变数、琳琅满目的热带雨林，正在不断孕育出新的物种——自然厌恶真空。对此我们可期待，可观察，可抓来解剖研究，可撒上香料炭烤，但无须害怕。春有四季，但大气候总归是向暖的。

那天在外地开投资项目会，不知怎么扯到了关于“悲观的乐观主义者”论调上。我相信熵增带来的糟糕混乱是常态，但我们还是很可以做些什么，去解决问题、铲平障碍，或至少积攒经验。这大概也属于与世界“互相内化”的过程吧。宋人话本开篇常带个“得胜头回”，以一则小故事或若干诗词引出主要情节。鲁迅和胡适都分析过，是因为说书人开讲时听众往往未齐，于是不急展开“戏肉”部分。后来这成了明清小说的公式，比如《水浒传》前面“洪太尉误走妖魔”那节“前传”。《单读》“公开信”大幕初起，好戏将上，我这“做投资的”文化圈外人也来凑个热闹，权当是抛砖引玉，来一段“得胜头回”罢。

任宁

LIFE IS VERY SHORT.

WE ALL HOPE THAT OUR LIVES CAN

BE PART OF A GREATER EXISTENCE.

人生是很短暂的，

我们总希望我们短暂的生命能嵌入更大的存在。

如果我们不信仰宗教，

那么出于本能，我们会去寻找一个替代物。

IF WE DON'T BELIEVE IN RELIGION,

OUT OF INSTINCT, WE WILL SEEK A

REPLACEMENT.

弗拉季斯拉夫·祖博克 | Vladislav Zubok

⋈ 访谈

现在的年轻人太主流，太追求一种被社会界定的理想生活，这是他们最危险的部分。

寻找谭嗣同

采访、撰文　许知远

百日维新一百二十周年，也是谭嗣同离去的一百二十年。谭嗣同和他所处的那个风云巨变的时代令无数后人着迷。他是怎样的一个人？那是怎样的一个时代？在《十三邀》中，许知远带着这些疑问，通过变换的空间去完成这场追溯。浏阳、长沙、上海、北京，来自各地的教授、学者、研究者，以及一位同样在寻找谭嗣同的年轻人讲述起谭嗣同其人其事。隔着一百二十年的时光，我们尝试重新勾勒谭嗣同的命运与时代的诡谲。

北京南海会馆 *

单读：您知道谭嗣同住的“莽苍苍斋”（寓所）大概在哪里吗？

---

* 对谈者：马勇，中国社会科学院历史研究员。

马勇：他当时在这儿住的地方占的面积很小，因为是个会馆，会馆就是旅社的性质，办事处。

单读：八月初九他被抓走的那天，也在这儿。

马勇：是在这儿被抓走的，他非常坦然。来了？跟你走，就是这样。为什么他那么坦然，可以去分析的。

单读：您觉得呢？

马勇：我觉得他就是认识到这个事情的严重性，和自己应该承担的责任，因此他很坦然。日本使馆要保护他，大刀王五一再跟他讲，任何情况下，我都可以保护你离开北京，但谭嗣同哪儿都不去，就在这儿等着。

这些年晚清史的研究，特别是戊戌的研究，我们已经看得很明白，它就是谭嗣同、康有为这几个人策动的政变，无论我们如何同情他的爱国和改革精神，但这个政变本身肯定是有问题的。

单读：这个政变最初真的是谭提出来的吗？

马勇：我觉得应该是谭嗣同提出来的，因为他是一个情绪很焦躁、很有急迫感的人物。就在他死前一年多的时间里，谭嗣同内心里对这个国家有一种很强的责任感和担当。胶州湾事件之后，他写了“四万万人齐下泪，天涯何处是神州”，看到中国被列强完全瓜分。梁启超和谭嗣同都在 1897 年这件事情发生之后，有一种亡国的毁灭感。

单读：您最早研究晚清的时候，谭嗣同给您的印象是什么？

马勇：谭嗣同给我的印象，当然来自我们读书的时候，唯物主义哲学家、思想家、改革者。我们读大学的时候就接触谭嗣同的东西，看他的《仁学》，分析他的一些哲学概念。我们今天讲，《仁学》其实是个读书笔记，是思想的碎片汇到一起去的。

单读：年轻的时候，您看他的东西，他的性格吸引您吗？

马勇：我对他的想法有一个质的变化。我做晚清史的研究，没有受到革命叙事的影响，现代化叙事一下把这些问题都摆平了。从现代化的发展来看，晚清不是一个沉沦的过程，而是一个向上的过程。在过去的几十年，谭嗣同的形象在整个中国知识界，有很大的变化。但是今天谁也没敢讲到极端，因为它涉及道义问题。

温和地来讲，实际上谭嗣同缺少一种整体观和大局观，被康有为的想象所迷惑。因为我们今天可以判断，谭嗣同一开始是有自己的看法的，他不认为两宫有矛盾。但是突然他就认为有矛盾了，因为他受康有为、梁启超这几个人的影响越来越大，缺少一个定见。

单读：就他的个人能力而言，您怎么评估呢？

马勇：我觉得某种意义上来讲，在选拔体制上，他还是占了他父亲的便宜。清朝的推荐体制是实名推荐，谭嗣同是没有行政历练的，但是他有一个很好的背景，因为他父亲是湖北巡抚，而且跟张之洞关系不错。谭嗣同被推荐，和这个背景有关。另外，谭嗣同在过去差不多十年的时间里，在国内的知识界是小有名气的。

单读：您觉得，他的性格是不是应该特别有魅力？如果生活中碰到他，您会喜欢他吗？

马勇：可能会喜欢，但是不可能交成很亲密的朋友。我总觉得谭嗣同跟别人交往是有点问题的，大概应该是属于相信自己的判断力的那一类人。

单读：特别自信的。

马勇：对，不愿意接纳别人的看法。

单读：您刚才说了，为什么谭这么镇定，等着被逮捕？

马勇：因为谭嗣同是黑白两道上的，死不要紧，江湖上的名声非常重要。他知道这件事情，一定会要付出生命的代价，当然也可以逃走，但逃走了实际上也就是行尸走肉，没意义了。这一点和梁启超完全不一样，梁启超是我要为未来的新中国活着，谭嗣同说我要为新中国死掉。在生命的最后，谭嗣同当时应该说是很风光的。

单读：如果谭当时如果没有死，您觉得他会是什么样的状况？

马勇：谭没死，至少这段历史可以讲清楚。我们今天觉得他好像是改革者，为国家献身，但在当时的语境下，不死的话，唾沫星子就可以淹死他。另外，谭家也会很麻烦。他被抓起来之后，和他父亲之间通过几次信件，谭嗣同撇清他父亲和这件事情的关系，实际上他就是用这一种办法来保护他的家人，不让他们都卷到这个里边去。谭嗣同的问题在于，以一个非和平的手段，解决和平变革的问题，这是所有问题的症结。

单读：经过这么多年，您再回看谭嗣同，他身上还有什么东西，是让您特别赞叹或者费解的？

马勇：我觉得谭嗣同不应该这样轻易地做假设性的判断，他是有阅历的人，在哪里都能够玩得转，以他的知识、他的经历，不应该预设立场的，但事实上他就是这样判断了。这是一个让我费解的地方。

第二个，他跟袁世凯的沟通应该是很成功的，两个人很缓和地走，达成了某种共识。但是谭嗣同回来之后，没能够把这个场景和判断分析转达给康有为、梁启超几个人。

比较佩服的是，谭嗣同真的认为人固有一死。我们今天可以想象，谭嗣同死了，我们永远都觉得很厉害，但是他真的活下来，大家很容易就会认为，他还是不行。和梁启超一比，梁启超是我为新中国活下去，因为中国需要我。谭嗣同讲我为新中国而死，因为没有人死，新中国不能来。所以谭嗣同有我们很佩服的地方。

单读：他主动选择死，您不觉得有什么困惑?

马勇：我觉得这是他的身份要他必须做的。他的死对自己的家庭是一个解脱，对这个国家也是一个解脱。某种意义上来讲，这一点谭嗣同还是敢做敢当，没有推脱，我们到现在也没看到有什么反悔式的交代。可能他的生命太短了，已经做得这么辉煌，所以没有什么更多可困惑的了。

单读：谭当时说我眼看着中国被瓜分了，我活不下去，您觉得这话可信吗?

马勇：可信。半年前发生的胶州湾的租借，是中国近代史上的一件大事，不仅德国租借了胶州湾，而且俄国租借了旅顺大连湾，法国租借了广州湾，英国租借了威海和香港。从南海到东海，到辽东半岛，中国整个沿海全部被租借了一百年。1842 年，清政府割让香港之后，大家很高兴，英国人求我们割一块荒岛给他。但是 1842 年之后，当时的清政府再也没有同意过任何土地割让，因为农业文明的国家就这样，对土地看重。1842 年到 1895 年，大家都没办法解决土地怎么利用的问题，外国人到中国来做生意太难了。从 1897 年 12 月开始谈，一直谈到来年的 3 月份，不知是谁出的主意，说还有一个办法，租借。德国人当时就同意付租金租。你可以看到，某种意义上来讲，清政府要处理胶州湾、广州湾，解决这些外国投资者过去几十年来想解决而没能解决的问题。但是中国的知识人，没有得到这种准确的信息，所以包括谭嗣同在内的一代知识人，都认为这是国家要灭亡了。

单读：对于一个活在 2018 年的年轻人，他想去理解谭嗣同的人格或行为，这种可能性大吗？或者说，怎么去理解呢？

马勇：你在网上开辟一下这个问题的话，我估计回答会五花八门。我估计很难理解。现在的年轻人会觉得，凭什么一定要死掉？能逃就逃了。

单读：或者说，我们在这个时刻谈论他，您觉得价值和意义所在是什么？

马勇：我觉得我们可能从戊戌的教训当中看到，一个好的社会应该是一个分工合作的社会，每一个人只做自己应该做的事情。我认为1898年所有问题的症结，就是知识人超越了自己的专业知识指引，做了很多自己没有能力去把握和做成的事情。

我们今天去读康有为的上书，有好多建议，币制改革、国际贸易平衡，但是这些东西在张荫桓、李鸿章眼里面，太小儿科了。这些体制内的大臣，比知识人得到的信息更多、更全面、更重要，他们要么是已经做了，要么是知道而没能做。所以我讲，知识人要守住自己的边界。

当然，政治家也要检讨，政治家能不能有一个宽容心，如果不是这么一个结局，而是通过充分的审判，充分的辩护，这个事情今天还要我们这样讨论吗？不要讨论了。

上海福州路 *

李天纲：1872年，申报馆在上海是一个新的知识中心。山东路，现在叫山东中路，就是租界的山东路。山东路延过去，那边有一个墨海书馆。再往南一条街，后来又往北

---

* 对谈者：李天纲，复旦大学教授，历史学家，上海史专家。

移，移到了福州路，边上就是新闻出版书局、报社书局，全都在这儿。

单读：《万国公报》的报馆在哪里？

李天纲：《万国公报》跟墨海书馆很有关系，但是它的报馆是在虹口，后来移到了八仙桥。

单读：这是西学之士最初的缘起地了。像谭嗣同这样的年轻人充满好奇，他们一般是怎么进入这个地界的？

李天纲：谭嗣同那个时候是从轮船招商局的码头，我们现在称为南外滩开始的那个地方，下轮船，进福州路买书，进墨海书馆参观。上海到1870年代以后，就开始有京剧传入，谭鑫培什么的就过来，开始在上海走穴了，这边都是戏园、茶馆。所以谭嗣同到这边来，他也不陌生，可以听京剧，逛茶馆。

单读：所有的激进诉求，总会慢慢消融在消费主义的潮流之中。

李天纲：对，在上海特别如此，但是个变种，因为上海后来变成了全国的舆论中心，新知识的传播中心。

单读：所以这里基本上是知识界的硅谷。

李天纲：最重要的就是福州路。福州路全都是华人，它是租界，可是它里边所有的事业都是华人在做，而且是为中国做。所以我们对租界要有一个恰当的评价，不是殖民地，是殖民地制度，但起了很好的作用。

单读：对，这个地方其实给了他们一种真正的自由。

李天纲：对，有治外法权。所以这是一个很复杂的问题。

单读：像梁启超、谭嗣同他们来到这里，他们的新世界都是从这儿打开的。上海出的那些新书是在哪里买的？

李天纲：就在山东路的附近，每个书局都有自己的门市部，都在摊头上卖自己的书。在康有为自定的年谱里面就记了，在上海吃喝玩乐以后，大购西书以归。

单读：他们的生活还是好。当时作为一个内地的年轻人，突然来到这个地方，对他们会是一个特别新的冲击。

李天纲：年轻人都是血脉偾张，我觉得那是他们想要的。一个人在一种文化里面待久了，他在另外一种文化当中，会有一种解放感。

单读：其实这个知识对他们来讲很陌生，他们是一团混沌地过来，全都是稀里糊涂的感觉吧？

李天纲：谭嗣同他们是稀里糊涂的，花的时间不够，因为传统的知识结构不一样。但是谭嗣同还是蛮有远见卓识的，他抓住了一个信仰的问题，人心的问题，所以他不是提出“以心挽劫”吗？他想把西学当中的所有东西化解，所以搅成一锅粥。

单读：您在研究这段历史的时候，读到他们是什么感觉？那一代年轻人给了您怎样的感觉？

李天纲：那一代的年轻人热情可嘉，他们的政治主张已经开始有些激进，所以那个时候像李鸿章这些老成者，就批评他们少年新进，不是不同意年轻人的政治主张，甚至他们本来的愿望就是如此，但是认为这些年轻人的一些做法不够谨慎。但是那代人，我觉得国学和西学还算是比较平衡，所以整体上当时还是处于一个有希望的阶段。

章太炎这样的国学和马相伯这样的西学是能够结合在一起的，两者也相互欣赏，不算是势不两立，但是没真正地融合在一起，这当然是清朝体制的隔阂问题。这两拨人没有合在一起，我觉得对我们来说是一个损失。其实当时可以共商、共议，弄出一套比较好的关于未来的方案，所谓的“顶层设计”。这个没做到，导致戊戌变法的失败，随后就糟糕下去了。

单读：谭嗣同跟这些人又不太一样，您研究上海史，您是怎么看他的?

李天纲：我觉得无论是谭嗣同，还是康有为、梁启超，都是热情有余，而才干不够，才干不是指他们个人的智慧、能力、知识，而是知识结构有问题。他们对整个中国的未来走向并不是太清楚，如果戊戌变法的时候，把年轻人的精力、才干、热情，和上一代人的智慧、远见卓识、熟门熟路拼起来的话，这个变法说不定还可以搞搞。

单读：某种意义上，上海迅速地政治化，是跟 1895 年的《马关条约》有关系。

李天纲：非常有关系。对于《马关条约》的签订，上海反应最强烈。其实当时中国很富，在 1914 年有一个统计，当时中国的财富总量是排在大英帝国之后，在美国之前的。但是政治怎么往前走，怎么适应这个环境，众说纷纭。所以这使得上海的地位在后来戊戌变法的时候，就变得非常重要，大家都过来了。

单读：包括那种自由感。因为上海是一个崭新的城市，它没有过去的束缚。比如说像谭嗣同，他们那么想打破三纲五常这种伦理的罗网，上海给他们这样一种自由。

李天纲：对，上海就是这样。康有为的说法叫“保国、保种、保教”，这是一种保守主义的说法。保什么呢？用什么方法保呢？我觉得谭嗣同的意见更好一点，虽然激进。他年轻嘛，胆子大，当然也是刚刚接触西学，有热情，所以要用西学把它融进来，把佛学也带进来。

单读：大杂烩。

李天纲：那一代的年轻人想法多，因为中国忽然展现出一个很大的可能性，想象空间很大的。

单读：您希望生活在那个时代吗？

李天纲：我蛮希望，其实我最希望生活在 1930 年代，抗战前夕，整个通商口岸地区比较欣欣向荣。我认为市民社会在辛亥革命以后，已经慢慢地成熟，经过几十年的运作更加成熟了。

单读：在现当代，从您的角度，怎么去重新想象、理解谭嗣同呢？

李天纲：我没有从这个角度多想过。我觉得谭嗣同给中国的戊戌变法留了一块纪念碑，他很明确，他必须做一个牺牲，来确立这样一个纪念碑。

单读：您觉得这样的烈士精神真的很必要吗？

李天纲：对他个人来讲，我们没有办法阻拦他。但是整个社会需要一个慢慢的、渐进的改革过程。当然，你不能责怪谭嗣同，某种意义上，我们也不能说后来章太炎主张的革命就是错的，因为你没得选择，历史来选择。梁启超说谭嗣同是清末的一颗彗星，很亮，很耀眼，一下子就过去了。其实我们不希望有这样一个人物，对个人是一个悲剧，对时代是一种浪费。

上海龙华寺 *

单读：1897 年，在谭嗣同偶尔来的时候，龙华寺是怎么样的？

成庆：那个时候，龙华大概跟居士佛教的关系比较远，近代士大夫跟佛教寺庙的关系非常有趣，他们不大进入具体的寺庙，一般都是通过居士士大夫的关系网络来互相交流佛法。

单读：两套系统。

成庆：对，所以是很不一样的。

---

* 对谈者：成庆，上海大学历史系教师。

单读：回到那个时候，康、梁、谭20多岁，30岁左右，他们面临着巨大变化的时代，你体会他们的心境，到底是什么样的？

成庆：谭嗣同是1865年生的，他受到的最大的刺激就是光绪二十一年，甲午战争跟《马关条约》的事情。他在1896年来到南京，遇到了杨文慧，杨文慧属于曾国藩幕僚这一系，这一系里面有不少佛教徒，佛教对于他们大多数而言只是个人化的信仰。所以我觉得他们不仅仅有知识上的兴趣，也是因为当时的世道对他们的生命有一个很大的冲击力。

对于谭嗣同，我觉得一方面跟他从小的生命遭遇有关系，因为他十来岁的时候，他的母亲跟兄弟纷纷去世。后来，他个人科举不顺，世家子，但是仕途不顺，所以他性格桀骜不驯的一面就特别突出。

单读：你怎么评价《仁学》呢？它是谭嗣同一个巨大的努力。

成庆：《仁学》整个成书时间非常短，它有很多洞见，但是它的拼凑性也很强。我个人认为，他是那一代知识分子里面，比较有深度、没有任何负担、抛开儒家正统去探究的人，面对一个所有思想资源全部集中的时代，他能够重新把一些中国人的生命问题、宇宙观问题、人生观问题，重新剖露出来。

为什么谭嗣同这样的性格在中国人的生活当中很少见到？因为他在那个时代里面，把资源结合起来，成为他个人的一个展现。但是后来中国人的主流思想，其实都没有在根本上重新探究中国人的生命观。谭嗣同有点不一样，他接受的儒家训练不是太强，凭兴趣看书，能够抛开所谓的整个儒家学统道统的负担。如果按我的解读，谭嗣同是重新把中国人的生命问题、精神问题暴露出来的一个代表，而不仅仅是他为了革命流血。

单读：所以你觉得谭嗣同的思想遗产，某种意义上被遗忘或者低估了？

成庆：对。后来对谭嗣同所有的界定，都侧重于他为革命流血，这样的说法把他狭窄化了。我觉得谭嗣同是中国晚清时代，传统精神开始瓦解、新的主流秩序还没有产生的时候，出现的一个承前启后的人物。所以看他的《仁学》，就不能从知识的角度去看，要看他问什么问题，为什么要强调这个。他赴北京告别妻子李闰的时候，基本上相当于一次诀别，他有时刻赴死的决心，这样的心态在传统儒家士大夫中间是不太有的。

单读：所以你认为，在前往北京之前，他就已经做好这个准备了？

成庆：对，我觉得他是。因为他知道这是他唯一的机会，有光绪帝的认可。另外一点，他也知道这条路可能会非常艰难。

单读：怎么看他这种矛盾性呢？他的《仁学》里面对君主制剧烈地批判，但是他又期待光绪的接见，或者光绪能够做出改变，你觉得矛盾吗？

成庆：我觉得他们那一代人统统都有这样的倾向。按照今天人的思维，我们对体制有不满的话，有两条路径，一条路从社会开始，一条路从上层开始，这两条路都是可行的。但是你发觉，那个时代，无论是康，也包括谭，其实都指望以一人之力来改变，光绪帝大概是唯一的机会。因此，他承认光绪帝并不意味着他承认君主制，而是他认为这是改革的唯一动力，他深知从底部运作是多么困难。我想他接到光绪帝的任命之后，心里一定想的是，我有机会通过上面来去改变这个国家。我觉得是不矛盾的。

单读：他在《仁学》里面表达了对传统纲常伦理的唾弃和厌恶，但是他在死前，又尽力为他的父亲着想，包括他曾写信，非常欣喜地告诉李闰，他们父子关系和缓了。这种矛盾是那代人普遍的矛盾吗？

成庆：其实对他跟他父亲之间的关系，要进行非常深的分析。他的确是讨厌功名，但是在他的成长过程当中，他的父亲帮他捐补候补道，他还是接受的。所以，他仍然没有脱离这样一个大的秩序，他没有走得那么彻底，我觉得这是他入世性的体现。入世性是什么？他只有依附在这样的一层关系当中，才能够推行很多东西。他没有表现出我们后来革命年代走出家庭、走向完全不可知的社会的革命氛围。我想那一代人是无法脱离的。

单读：我们想象一下，如果他没死，按照他的性格、知识结构，他会怎样呢？

成庆：我觉得按照他的知识结构，如果去到日本，会不断激进化，当他完全失去力量后，就自然地消失。他一定是这样的性格，他不大会像梁启超这样容易变化身段。

单读：他死了一百二十年了，现在的一代人想去理解他的话，有没有什么特别好的方式？或者说，在这个时代理解他的重要性在哪里呢？

成庆：对我来讲，是要从谭嗣同那里重新去挖掘一个现在中国人仍然面临的问题。也就是说，当你面对一个时代以及个人生命大的变动的时候，你该拿哪些观念去应对？传统的儒家有没有这股力量？科学有没有？宗教呢？

所以我想，如果今天的年轻人要重新去理解谭嗣同的话，就是他在那种极端的环境里面，如何应对他生命当中一些重要的关口，比如说尽管每个人不会都面对那么激烈的选择，但是同样面临生老病死这样一些普遍性的问题。中国人对死亡，其实在不断地遭遇，不断地回避。谭嗣同没有，他是主动去面对这个问题，他有点像生命典范，他的生命很短促，但是有光彩。

单读：他们那代人在一起聚会，可能一边喝着葡萄酒，一边谈各种国家危亡，谈新的知识。你觉得他们的内心是什么样的呢？

成庆：这个问题蛮难回答的。他们有一个普遍的共同性，他们充分感受到中西之间的冲突。那代人有很不一样的看法，这个世界是跟他们相干的。这种态度使得当时这批接受佛学的人有两种倾向，一种是相对保守，有一种遇到时势变化的那种挫折感；而谭嗣同虽然对佛学有那么强的信仰，但是他的入世性明显地比这部分人强，他不想离开传统士大夫的入世。

单读：当你最初听到网络上传“佛系青年”的时候，你是什么感觉？

成庆：我觉得跟佛教没太大关系，但是它反映了这个社会普遍的挫败感。因为我们在第一线接触大学生，大学生那种生命中的挣扎和追逐，背后隐藏了一个非常大的空洞，这个空洞就是我不成功就必定会被抛弃，这种挫败感才形成“佛系”。这些讲佛系的人，常常都是拿佛系来自我消解跟调侃，但是他们的追逐心绝对不佛系。

单读：所以，现在的年轻人应该在谭嗣同身上找到强烈的共鸣才对。

成庆：对，但是他们的反叛常常会内化为一种段子，戏谑，是被动型的，很少有人主动重新定义这个世界。现在的年轻人太主流，太追求一种被社会界定的理想生活，这是他们最危险的部分。

湖南长沙、浏阳 *

单读：其实我挺好奇的，在当地，在长沙、在浏阳这个地方，你们是怎么看待谭嗣同的？

任大猛：谭嗣同其实是我少年时期的偶像，我曾经就想成为一个像谭嗣同一样的人，那种青春和热血。现在已经完全不可能了，发现生活不是那么一回事。

---

* 对谈者：任大猛，长沙民俗研究者；谭伯牛，近代史学者。

单读：比如你跟当代浏阳人接触之后，你觉得他们跟谭嗣同世代浏阳人之间还有比较强的连续性吗？

谭伯牛：我觉得当代跟那个时代有个很大的不同，我们整体比较隔绝。但是可以横向比较，比如说湖南的话，我总认为长沙不代表湖南，往西边走，湘中那一带，就是今天的娄底、邵阳、益阳等南部的一些地方；往东边走，就是浏阳这边，甚至还有一个茶陵，我觉得这些地方的人更代表我所理解的湖南人。

单读：或者说，一个生活在2018年的20多岁的年轻人，如果想理解谭嗣同，应该怎么办呢？

谭伯牛：估计比较难。因为首先，谭嗣同不是一般人，用我们今天的话讲，他是高干子弟，全国性的晚清四公子。还有，他有一个湘军的背景，晚清的时候，50%、60%以上中央省的高官都来自湖南。他本来就跟一般的年轻人不太一样。

单读：对，有个巨大的网络。

谭伯牛：有个巨大的网络。他同时也是一个批评湘军最严厉的年轻人。

我对谭嗣同有一个理解，我觉得他挺有朋克精神的。

单读：他有的，他是摇滚精神。

谭伯牛：他要追求一个真理，坚持一种他认定的原则和审美，这一点他做到了。当然这个跟天赋有关。严格地说，谭嗣同年轻时候的才学，比不上谭延闿，也比不上江西的陈三立，但是他跟他们关系非常好，包括梁启超那样的人为什么跟他有交往呢？就是他的这个精神和个人魅力吸引人。你看他到死亡，“万古变法流血，谨自嗣同始”，那不是爱国那么小的概念，也不是古代的忠君思想，那就是自己内心有一种充满了审美艺术的、有关摇滚朋克的精神。

单读：特别浪漫的一个人。

谭伯牛：他跟大多数人不太一样，所以我觉得我们今天理解他，最重要的就是要理解那种真正摇滚朋克的精神，这已经不仅仅是政治或者学问所能够涵括的了。我觉得谭嗣同每天都是精力旺盛的。那会儿各种因缘际会，在北京又认识皇帝，皇帝还对他印象好。他确实想干一番大事业，不需要别的，他天天已经很亢奋了。

单读：你觉得他是不是一个受不了平淡生活的人？

谭伯牛：看梁启超给他写的传记，当然是觉得他受不了日常生活，你看他每天那种自虐式的行军。

单读：所以他是不是挺迷恋痛苦的？

谭伯牛：应该是，不然你怎么解释他主动去死这个问题。当然我们现在很难讲谭嗣同有什么信仰，但是他最终的选择，肯定不仅仅是为了变法而死，还有更隐秘的东西藏在其中。有些隐秘的东西可能他自己也说不出来，他可能因为不明白才用死亡去做选择。

单读：对，我觉得是有一个隐秘的动机，但一直好像没有被好好探讨过。19世纪末的那个年代，湖南那些士大夫文人之间是怎么交往的？日常生活是怎么样的呢？

谭伯牛：日常交流就是以写信为主了，门童一天能跑好多趟。那些来自中央朝廷最高政治权力的信息，也是通过书信的方式来传达的。另外一种就是定期的聚会，聚会的理由各种各样，都很风雅，就像北京的士大夫一样，大家总会去法源寺、大觉寺那些不错的寺庙里喝茶。

单读：我还是想聊聊科举的事。谭嗣同是一个看起来很自由，但实际上内心很紧张的人。他的科举连续受挫，你觉得这种受挫对他的影响是什么？

谭伯牛：科举受挫所产生的影响巨大，因为那个时代不通过科举就进入不了主流社会，做不了官。而且以前官学是一体的，我们讲纱帽底下好题诗，就说这个人官做得大，学问也大。通过不了这个考试，表示你的学问也有问题，你学问有问题，你这个人可能也有问题，做不了事儿。你说压力是不是很大？这对你的人生都是一个否定啊！谭嗣同后来是捐官的，光绪末年捐官多，康梁俩师徒曾经也为此惆怅过。

单读：你觉得这种接连的挫败感，对他思想的激烈化，有直接的影响吗？

谭伯牛：肯定会有一点的。他会很尴尬，尴尬了之后会不会恼羞成怒，郁积胸中？我觉得还是会的。

单读：或者至少日后强烈的愤懑跟这有巨大的关系。

谭伯牛：当然了，还有一点嘛，是他的经历也跟别人不太一样一点，我觉得他在北京的经历很重要。在那个时候，可能真正的忧国忧民，保君、忠君、爱国的心就来了，那个已经可以暂时忘掉这个东西。权力很短的！

单读：但很短那段时间，只有不到一个月吧？

谭伯牛：虽然很短，很刺激嘛！

单读：对，最后一个月真的是非常刺激的一个月。

谭伯牛：你想，30岁出头的人，突然天天跟皇帝在那儿聊天，想干什么皇帝都同意，对不对？京剧唱腔里面的词叫“重整朝纲，要把奸臣去掉”，他们当时有这种计划。

单读：他在菜市口作为逆臣被杀掉，这个消息传回来，当地人的第一反应应该是非常恐惧吧？

谭伯牛：浏阳本地人不会太恐惧。如果慈禧真要办你们，她要办什么？因为真要将康党赶尽杀绝的话，要抓多少人？这个是大逆不道之罪，有核心，有后援，还有外围那些人，这种消息传得很快，康梁突然跑了，当时也带了一批人跑，但那些人名气没那么大，感到恐惧的就是这些人。

但在浏阳县的家乡人中，恐惧很快就散掉了。我觉得慈禧这一点其实挺明智，每一次不管是政变还是镇压，她都没有扩大。

单读：我们在这个地方，岳麓书院，它是中国传统的某种象征，是学术权力和政治权力的高度结合、统一。你认为，儒家传统的影响对于谭到底有多大？尽管他以一个激烈的反传统的姿态出现，但实际上是深受其塑造的。

谭伯牛：首先我认为，我们中国人在日常生活中用的并不是儒家的东西，如果按孔子说的去做人，那你就是一个很刚正的人，刚正的人每天不都得头破血流嘛，简直活不下去；我们真正运用的入世这一套，是道家的东西，齐物、逍遥、无可无不可；而用来统治的，又是法家的那一套。儒家只是用来背书，做一个装饰品，是一种理想，但是我们不能那样做，对不对？臣子也是一样，偶尔出现一两个特别坚持儒家传统的人，那就会成为海瑞这样的人。谭嗣同虽然说反对的是儒家，但其实他的行为更像一个儒家的烈士。他反对的可能是道家那一套，是日常行事，但是他又把佛、道引入进来批评儒，所以这就是他比较混乱的地方。

北京菜市口 *

单读：你最初对谭嗣同产生兴趣是什么时候？

张维欣：13 岁吧。

单读：为什么呢？

张维欣：没有什么特别的原因，我在历史书上看到了他的照片，还有他的一些生平事迹的介绍，就觉得他跟历

---

* 对谈者：张维欣，寻找谭嗣同的年轻人。

史书上别的人不太一样，所以对他产生了比较特殊的兴趣。上了高中以后，就很浅显地从网上和书上了解了他的基本生平。等到上了大学，就把志愿报到湖南去了，觉得要去他家乡上大学，那时候确实比较喜欢他了，他已经是我人生当中的灯塔、偶像了。

单读：你特意去湖南上学，他对你最大的诱惑是什么呢？

张维欣：最开始是因为他的就义精神，我不否认这一点。但是能够维系我这么多年研究他、喜欢他、追随他、做有关他的事情的，绝对已经超出了他的就义精神范畴，更多吸引我的，应该是他的人格、才情、魅力、思想，以及他跟别人不相同的这种高度。

单读：最不相同的是什么呢？

张维欣：在我个人看来，应该是他的冰清玉洁，他的这种纯洁体现在他外在和内在。还有就是他天生具有的这种浪漫主义情怀，他是个非常浪漫的人，追求美，追求爱，爱与美结合于一身。他是一种大爱，不光是去爱苍生，爱天下，爱普通民众，更多是去爱世间万物，包括兄弟姊妹、夫人、父亲。哪怕这个世界对我不好，我还会抱之以歌，他有这样一种别样的情怀在其中。

单读：你对谭嗣同的这种热情，你的同学们或者你的同代人会觉得很奇怪吗？

张维欣：我一般不太在同辈人当中说这个事情。除非有朋友表示出了兴趣，我会给他们讲一讲。因为喜欢谭嗣同的人大都是爱好广泛、很爱读书的女孩子，她们肯定不会以我为异类，而会以我为同道。

单读：这种情况方式有点像日本少年看坂本龙马的漫画，有很强的投射感。某种意义上，谭嗣同被二次元化了。

张维欣：非常二次元，二次元人物没有之一。因为在他的世界里面，我们可能感觉到与现实生活的一些差距，现实生活是不完美的，但是我觉得他始终是我们心里的一方净土。

单读：那所有的人都有黑暗面、缺陷，他的黑暗面是什么呢？

张维欣：我觉得他的情商有点低。有一次，他跟一帮朋友聚会，把他的朋友挨个夸了一遍，就落了一个人没夸，那个人回去写日记骂他，说他神经病。我觉得他这个人，就是我不喜欢什么，我就不喜欢；我喜欢谁，我就好喜欢。他是一个感情特别充沛、丰满的人。

单读：更符合二次元的人设。你觉得他如果活在现在的北京，会是什么样？他会非常愤怒吗？会让人失望吗？

张维欣：我觉得时代造英雄，他是那个时代造就出来的一个英雄，他如果活在现在的话，应该是个工科男吧，因为他对工科的兴趣好像特别膨胀，已经到达了癫狂的程度。

单读：你去转了那么多不同的地方，你此刻坐在这儿，前面就是菜市口，他离世的地方，你是什么样的感觉？

张维欣：我一般不会来这个地方，除非在他的祭日，或者类似于清明节这样的日子。

单读：如果他活到现在，你们肯定会是很好的朋友。

张维欣：会一起做事吧。

单读：会想跟他谈恋爱吗？

张维欣：那肯定啊，能不想吗？

单读：现在你觉得你理解他最困难的部分是什么？

张维欣：差不多都能理解。有困难的是佛学方面的东西，我们就算是看得再多，它的很多内在的东西，我们也理解不到位。因为谭嗣同写的诗会给你感觉他已经活了一百多年了，他在翻回头来看这个世界。“死生流转不相值”“直到化泥方是聚，祇今堕水尚成离”这样的句子，以我们的年纪和阅历，还有对于哲学经典的理解，是达不到他的层次的。

单读：你觉得谭嗣同会喜欢你们这代年轻人吗？

张维欣：应该会喜欢吧。

单读：为什么呢？

张维欣：因为他是一个特别有脑洞的人，我们最喜欢的就是他的脑洞，我们觉得我们的脑洞跟他的脑洞是对着的。

单读：什么地方最对呢？

张维欣：谭嗣同是个很天马行空的人，他经常提出一些理论，让别人会觉得，这人有病啊，但是我们就会觉得我们可以理解。别看我们差了一百二十年，我们这帮年轻人跟他们那时候的那帮年轻人，脑洞是对得起来的。

单读：那你觉得，你们这代年轻人跟 19 世纪的 90 后相比，差什么呢？

张维欣：我觉得我们差的东西太多了，根本就不是一个层次的人。他对于哲学的理解，他的文学造诣还有科学上的理解，比我们这代人强太多了，根本没有任何可比性，只能说跟他对得上话，我们能理解他。比如说他赴死，很多人理解不了，但是我们能理解。

单读：怎么理解呢？

张维欣：他做这个事情之前，没有考虑这个事情值不值，能不能达到我预期的效果，能不能达到我的两个目的，一个是“酬圣主”，一个是“召后起”。他想要的就是我要去死，要去用我的血唤醒国人，他的死不光是烈士对于革命的献身，更是一种哲学家对于理念的致敬，所以他不会去过多地考虑我的死值不值，而是去考虑我愿不愿意。

他的理念是什么？是“世间万物都是平等的”，什么叫平等？人与人之间是平等的，生与死都是平等的，消亡与存在是平等的，他并不认为生就是存在，死就是消亡。他还认为我是一个小我，但是我的理念、我身后的这群人是一个大我，小我在大我中间，因为我死，他们的生才有价值，生与死是一对要相互成全的概念。所以我认为他的死其实就是生，他是真正的向死而生。

单读：你觉得你们这代，大家普遍还有对这种大我的追求吗？

张维欣：我觉得没有，大多数人都是在追求小我。我也不能说追求小我就是不对的，只是谭嗣同的选择就是，大我重于小我，他的思想是这样子的，我们的思想也是这样子的，如果有一天，有一个事情或者理念，需要我去献身，我一定会去，只要这个大我是我所认可的。

单读：会担心他这种想法被滥用吗？被 20 世纪的各种革命。

张维欣：当然会了，已经被滥用过了，也没有什么好继续担忧的了。已经是最差的结果了，还能怎样呢？

单读：你觉得理解他、研究他，对你们生活、思维方式的改变是什么？

张维欣：思维方式、行为方式上有很大的改变，比如说他造就了我很多爱好，我喜欢上科学、学工科也是因为他。还有我喜欢上诗词、文章、历史、天文，尤其是天文，我走了很多地方。还有一个点，他对我有非常大的影响，我觉得我有了独立的精神和自由的信仰。我认为我所做的一切事情，包括其他人做的一切事情都应该是自由的，人与人之间应该是自由而平等的关系。

单读：你觉得未来，谭嗣同这个形象会越来越受到认可和欢迎吗?

张维欣：我做的这些事情，就是希望扭转大家对他的刻板印象、脸谱印象。他在历史书里的形象好单一，就是为了革命流血的烈士形象，我不喜欢这个形象，我觉得它好没有人味和人情味。我更希望大家了解，谭嗣同是一个温柔、多愁、敏感、悲观、浪漫的人，追求真理，热情似火，纯洁若冰霜。下一代的人，最好能更关注他这个形象，而不是只关注他为革命献身。

I ARISE IN THE MORNING

TORN BETWEEN

A DESIRE TO IMPROVE
THE WORLD

我每早总在改善世界与享受世界两种欲望的拉扯中醒来。

AND A DESIRE TO
ENJOY THE WORLD.

E.B·怀特 | E.B. White

十 影像

135 海岸线

张晓 摄影、刘宽 撰文

海岸线, No. 451, 2012
archival pigment print（数码色素冲印）
on Hahnemuehle Photo Rag Bright White
（哈尼姆勒超白纯棉艺术纸）
image, 100 X 80 cm, 50 X 40 cm
paper, 120 X 100 cm, 60 X 50 cm

海岸线

摄影/张晓　撰文/刘宽

张晓以一个摄影师的身份正式进入大家的视野是在24岁。那时他正在《重庆晨报》做社会新闻摄影记者，与在摄影论坛上认识的网友木格（后来也成为著名摄影师）合租在一间四十多平方米的房子里，挤一张双人床。最窘迫的时候，俩人交完房租加起来只剩下不到两百块。

2009年，英国德比FORMAT摄影节的策展人露易丝·克莱门茨（Louise Clements）在Flickr上看到了张晓的一组关于陕西社火的照片（后来命名为《陕》），邀请他和同为摄影师的木格一起去英国参展，那是张晓第一次出国。后来他才知道，整个摄影节只有他们两个年轻人报销了机票。

从那以后，张晓的作品开始逐渐进入摄影展和美术馆。2009年，他辞去报社的工作，成为一个全职摄影师，在成都的蓝顶艺术区有了自己的工作室。他向艺术区里那些从事绘画的艺术家介绍自己是“摄影师”，别人问：“什么类型的摄影？”他答：“艺术方面的。”于是就有艺术家留下他的微信寻求合作，他们以为他的工作是帮别人拍摄艺术作品。

那时候，很多人对于摄影的认识仅仅停留在传统摄影层面。有人问他：“你怎么生活啊？”张晓回答：“卖作品啊。”别人问：“你哪儿有作品啊？”他们不理解，照片怎么也能作为艺术作品出售呢。

2019年年初，张晓在北京的一家咖啡馆接受了《单读》的采访。他体格健壮，留着络腮胡，不善言辞，更不知道怎样更巧妙地阐释自己。后来他索性打开笔记本电脑，直接展示他的作品，这才让他变得滔滔不绝起来。

在很长的一段时间里，介绍自己是“艺术家”还是“摄影师”，微妙地体现了张晓的身份困境。2017年，他在成都千高原艺术空间的个展“最近的事挺多”里，表达了自己的困惑。在作品《一个是艺术家，一个是摄影师》中，他把两个看上去一模一样的巨大图像并置在一起，一个是PVC地板革做成的现成品，一个是艺术微喷摄影作品，意在刻意模糊“艺术家”和“摄影师”的身份界限。

虽然身份不过是一个标签，但对于身份认识的视野最终也会体现在创作上。当摄影师张晓作为一个艺术家工作时，他的不确定性成为了某种推动他探索的力量。他每个时期的风格差距之大，让我甚至有些摸不清他的视觉语言。

这一点与很多我了解的成熟摄影师不同，往往会在不同时期的作品中有所延续——某种符号、某种情绪或某种视角的不断重复，让他们最终得到自我的确立。但张晓却在视觉上——用他的话说——“刻意”与之前做得不一样。他更在意的延续性发生在作品的内部逻辑中。

开始拍“海岸线”系列时，他渴望讲述一个重庆之外的、更宏大的中国故事，于是选择了在他看来最有代表性的沿海地区。他从南边的海岸线开始，第一站来到广西。那时他已经辞掉了报社的工作，也没有什么退路，想拍一段时间，没钱了再找个工作。

张晓带上自己的 120 相机和一张地图，每天沿着海岸线闲逛，等待“碰到”一些他想要拍摄的东西。待腻了就坐车去下一个县城，拍完了就把胶卷带回家冲洗，然后再带上新的胶卷上路。他形容自己一开始的冲劲像是凯鲁亚克《在路上》的那种感觉，一个多月就把一百个胶卷拍完了。刚上路的时候，他更关注人和事件，但一段时间之后，他开始把更多的注意力放在景观上；一开始他很害怕“错过”任何决定性的瞬间，后来就充分接受了这种“错过”，他告诉自己，一个长线项目应该可以充分容纳这些遗憾；初期他只拍摄海边的场景，后来他把拍摄地点扩展到了所有沿海地区。

拍摄了两年多，城市的同质化让张晓感到了厌倦，好像多去或少去一个地方对于最后作品的全貌并没有什么影响。暂停了半年之后，他还是决定按照最初的计划把海岸线走完，哪怕只是去看看。很多时候，一个作品的结束比开始更难。四年之后，他拍摄了约一千个胶卷，包含了一万多张照片，在心理上张晓终于觉得完成了这个作品。

后来，《海岸线》获得了法国汇丰银行摄影奖和侯登科纪实摄影奖。张晓知道，只要延续这个思路，他可以继续沿着长江黄河拍，形成更完整的系列。但成功的同时，他感到巨大的空虚，因为他觉得这个宏大的主题，其实和他自己没有那么切肤的关系。他开始把自己关注的范围缩小，于是就有了本期封面所属的“故乡”系列。他在创作中借助别的工具，比如扫描仪，借此摆脱对相机的依赖，尝试回归图像本身。

封面上的一男一女是张晓的表哥和嫂子，照片拍摄于1990年代初，这对在农村务农的年轻人来到镇上一家叫作“环球”的照相馆，租借了照相馆的衣服，拍摄了他们结婚前的恋爱写真。和“故乡”系列的其他作品一样，张晓运用老照片作为现成品进行创作，并且直接和老家烟台当地的照相馆合作。

他发现照相馆有一个很普遍的业务：用PS加工旧照片，包括修复破损的胶片、给黑白照片手工上色、抠图更换背景等等。有时候客户是上了年纪的人，他们想把年轻时的黑白照片变成彩色；有时候是不曾有过满意婚纱照的夫妻，在结婚纪念日的时候把过去合照的背景换成大草原、天安门或欧洲某地，任何他们想拍婚纱照的地方；有时候客户觉得过去的衣服陈旧，想要换成更鲜艳的衣服等等。所有的“设计”背后，都彰显着影棚老板不允许被包括张晓在内的客户挑战的顽固审美。

为了解决肖像权问题，张晓使用的都是亲戚的旧照片。他扫描后交给影棚老板处理，然后直接放大成边长一到两米的作品，观察尺寸的变化使一张日常的旧照片所产生的视觉冲击力。

张晓后来的创作彻底从摄影中跳脱出来。他开始自如地使用拼贴、录像和装置等创作手法。他目前持续进行的项目，从家乡烟台盛产的苹果切入，包含了给苹果拍摄“肖像”；给苹果的生产线拍摄录像，记录它们被筛选、被拍 X 光、被分类和淘汰的过程；在冬天的土地上装上表现假苹果的装置，制造一种虚假的丰收景象等等。

2019 年 3 月，《海岸线》进入了尤伦斯当代艺术中心（UCCA）的群展“文明：当代生活启示录”中，被策展人放在了“逃离”的那一章。张晓认为《海岸线》对“文明”的探讨，是关于物质文明高度发展和精神文明缓慢停滞的不一致所产生的矛盾。也许“海岸线”对很多人来说意味着逃离，对他来说却是用图像探索更广阔疆域的开始。

海岸线, No. 001, 2009

image, 100 X 80 cm, 50 X 40 cm   paper, 120 X 100 cm, 60 X 50 cm

海岸线 , No. 230, 2011
image, 100 X 80 cm, 50 X 40 cm
paper, 120 X 100 cm, 60 X 50 cm

海岸线 , No. 520, 2012
image, 100 X 80 cm, 50 X 40 cm
paper, 120 X 100 cm, 60 X 50 cm

海岸线 , No. 033, 2009
image, 100 X 80 cm, 50 X 40 cm
paper, 120 X 100 cm, 60 X 50 cm

海岸线, No. 024, 2009
image, 100 X 80 cm, 50 X 40 cm
paper, 120 X 100 cm, 60 X 50 cm

海岸线, No. 019, 2010
image, 100 X 80 cm, 50 X 40 cm
paper, 120 X 100 cm, 60 X 50 cm

海岸线, No. 014, 2009
image, 100 X 80 cm, 50 X 40 cm
paper, 120 X 100 cm, 60 X 50 cm

海岸线 , No. 014, 2009
image, 100 X 80 cm, 50 X 40 cm
paper, 120 X 100 cm, 60 X 50 cm

海岸线 , No. 014, 2009
image, 100 X 80 cm, 50 X 40 cm
paper, 120 X 100 cm, 60 X 50 cm

海岸线, No. 12, 2010
image, 100 X 80 cm, 50 X 40 cm
paper, 120 X 100 cm, 60 X 50 cm

海岸线, No. 053, 2009
image, 100 X 80 cm, 50 X 40 cm
paper, 120 X 100 cm, 60 X 50 cm

海岸线, No. 002, 2009
image, 100 X 80 cm, 50 X 40 cm
paper, 120 X 100 cm, 60 X 50 cm

海岸线, No. 521, 2013
image, 100 X 80 cm, 50 X 40 cm
paper, 120 X 100 cm, 60 X 50 cm

海岸线, No. 172, 2010
image, 100 X 80 cm, 50 X 40 cm
paper, 120 X 100 cm, 60 X 50 cm

海岸线, No. 249, 2011
image, 100 X 80 cm, 50 X 40 cm
paper, 120 X 100 cm, 60 X 50 cm

随笔

是什么塑造了英国老一辈中产阶级的幸福生活？
这是一种可持续的幸福，还是资本主义挽歌里的一朵昙花？

年老的隐喻

撰文　王梆

英国的园艺中心（Garden Centre），功能上，相当于我们那儿的花鸟市场；包装上，却是花鸟市场的“高大上”版。园艺中心是优雅的，高冠锦簇的插花，几乎可以和18世纪法国贵族的假发媲美；鸟笼也是金色的，花圃里的仿真臭鼬加点笔触，就是一幅荷兰静物画。假如将园艺中心变成一只水晶球，它里面陈列的，就是一个伸手可及的中产梦：一座花园，一把阳伞，一只毛发油亮的狗。

这种生活，在英国，也只有经济学意义上的中产阶级才能真正拥有。而我发现，最有余暇和闲钱逛园艺中心的，竟然是二战前后至20世纪60年代初出生的那一拨人。

他们中最殷实的，本地有两三栋宅邸，在西班牙还有度假屋，可以没事就到园艺中心喝杯咖啡，吃个午餐，见见老朋友什么的；他们中算不上太富裕却也不愁吃穿的，比如低中产阶级（Lower Middle Class），也可以每季度来个一次性大采购，备齐应季鲜花、营养土、鸟食和供养松鼠的花生米。下午茶、三明治加果酱，18英镑两位；或一杯 4.95 英镑的咖啡加块司康饼，临走时顺便买盆买一送一的兰花——比上不足，比下有余。据说这个国家除了疯子，没人会嫉妒女王，但嫉妒这拨老人的年轻人，却大有人在。

2018 年 3 月，全球房产咨询公司 Savills 发布调查报告说，英国 40% 的国民财富（nation's wealth），约 1.6 万亿英镑，掌握在 65 岁以上的退休人士手里。这个数据让我有点吃惊，也十分好奇。用英国历史学家艾伦·谢德（Alan Sked）的话说，"战后的英国几乎破产了"，而"中产阶级的队伍却稳步壮大"。为什么？是什么塑造了英国老一辈中产阶级的幸福生活？这是一种可持续的幸福，还是资本主义挽歌里的一朵昙花？

［一］

圣诞前夕是园艺中心的黄金时刻，圣诞老人迈着肥大的"之"字步，在顾客丛中不停游走，忙不迭地送上金币巧克力，生怕自己那毛茸茸的眉毛碍了眼力，错杀了潜在的商机。和奥威尔笔下的旧杂货店截然不同，这里的一切都是崭新的，就连头戴小红帽的货架员，浑身上下散发着泡沫薄膜的气味，也像是从刚拆开的礼盒里跳出来的一样。

玛丽正推着购物车，在园艺中心里如醉如痴地漫游着。她 80 岁出头，正处于逆生长期，那些我看几眼就昏花的玩意儿，乌龟玩具、等身树脂小松鼠、司南、指南针等等，她能一件件地琢磨上半天。购物车代替助行器，稳住了她的重心，却稳不住她的记忆，每隔一小会儿，她都会急躁地问我，我妈妈上哪儿去了？我不知道，我如实回答。那些大口瓶里的彩色软糖，似乎挽救了她的焦虑。她把手伸了进去，瓶身的凸镜效果，使她的手看起来像戴了一只皱巴巴的皮手套。她抓起一把软糖，毫不犹豫地把它们塞进了自己的大衣口袋里。

玛丽小时候没怎么拥有过糖。1938 年，玛丽出生在萨福克郡（Suffolk）的一个小镇上，大萧条还没过去，二战旋即披着狼烟来了。入伍前，玛丽的父亲在肉铺帮工，每天扛着屠宰好的猪进进出出；母亲曾是女仆，生了孩子后，就没了固定工作，再往上玛丽不太记得了。比起曼彻斯特贫民窟的工人，玛丽家属于小镇平民，房子是租的，能按时交租，不算贫穷，但也绝对谈不上中产。按全国读者调查（National Readership Survey）半个多世纪前的划分法，那个年代只有建筑师、律师、教授、经理之类，才算经济意义上的中产阶级。

大萧条年代，电台和杂志不断向主妇们传授“萧条之道”：“没钱买大肉？那就煮‘焙盘菜’嘛！或用奶油沾上牛肉末，涂在吐司上也可以啊……”焙盘菜，多是鸡肉丁混土豆泥，或豆蔬炖牛肉末之类的杂烩，素里一点腥荤。

玛丽不喜欢，玛丽长着一口甜牙，她喜欢糖。可糖哪能想吃就吃？毕竟她只是个帮工的女儿。开战后，糖就更理所当然地成了稀缺品了。纳粹德国每天疯狂轰炸英国轮船，战争打响才一个月，原本 5500 万吨的食品进口额，就被减到了 1200 万吨。粮票如雪片般飘来，浅黄色的给成人，绿的给母婴，蓝的给儿童和青少年。儿童和青少年的待遇稍好些，一天能有半品脱牛奶。大体来说，一般家庭每周的供给量不超过“一个鸡蛋，4 盎司人造黄油，4 片火腿，1 盎司芝士”。至于糖，每家每月最多只能买到 225 克砂糖，以及 350 克甜品（如果有钱买的话）。

1953 年 2 月 6 日，玛丽 15 岁，糖票总算寿终正寝。那天下午，放学的钟声刚刚敲响，孩子们便从校门里涌出来，千军万马，奔向那久违的甜。那时超市还未占领大街小巷，卖糖的基本上是些古老昏黄的杂货店。水果糖、乳汁苹果糖、牛轧糖什么的，全都装在圆鼓鼓的玻璃糖罐里，卖时掏出几颗，撒在老黄铜秤上称重，完了再放入油纸袋。廉价，体积庞大，以及那种蜡像一样能放几个世纪的硬糖，最抢手。

很多眼前的事，玛丽都不记得了，比如住家地址，比如把塞入口袋里的软糖如数交出递给收银台之类，但却清晰地记得各种糖的味道。她曾神秘兮兮地告诉过我，有一种糖，甜得相当枯燥，因为那种甜不是甜菜根（sugar beet）

里榨出来的，充其量只是甜味的替代品而已。糖的诱惑对玛丽来说似乎是永恒的，只要站在它面前，她便从一位吨级老太，瞬间变回了那个 15 岁的萝莉。

21 岁、只受过初小（junior school，面向 8—13 岁儿童）义务教育的玛丽，到剑桥市中心广场旁的多萝西大舞厅（今天的水石书店 [Waterstones]）去跳舞，不久后就收获了她人生中最甜蜜的一颗糖，托马斯。

那是 1959 年，托马斯还在英国皇家空军部队服役（National Service，一种 1939 年至 1960 年前每个健康的英国男生都要服的兵役），穿着皇家空军的精装制服，非常英俊，条件也还过得去，上过语法学校，祖上有间牛奶铺，父亲是某家小电器铺的经理，家里还有自己的房子。

托马斯一退役，玛丽就嫁给了他，从了夫姓，由无产者进入小商贩阶层，在阶级的扶梯上，上升了一小步，但离“中产阶层”仍差几个罗马。托马斯只有一张语法学校的毕业证书，上面从英语到法语，从地理到数学，全都印着“一般（Ordinary）”。考大学不太可能，他也不想考。小时候，他经常跟在父亲后面，走家串户，提着无线蓄电池，上门为收音机充电。那还是煤气灯摇曳的时代，家庭用电尚未普及，错过了充电日，就等于错过了一场魂牵梦绕的足球赛。寂静的小石巷里，父子俩一边走，一边轻轻地哼唱赞美诗（Hymns，一种基督教的祷歌）：

仁慈之主，优雅之主，

在我们归家之路上，你张开双手和臂膀，赐予我们希望……

——“Lord of All Hopefulness”(《希望之主》)

托马斯的父亲在五个兄弟姐妹里排行老三，虽然成绩不错，却没钱上语法学校，所以 14 岁就辍学进了电器铺，起早贪黑，手足重茧，半个世纪就过去了。“耳朵聋了，脾气不好，嗓门极大，特别节俭，一先令大的巧克力切成四小粒，分给我们吃。”这是托马斯的儿子克里斯对爷爷的回忆。托马斯不怕劳累，只希望能活得比父亲稍微“宽裕”些。“过上勤劳而宽裕的生活”，恐怕就是他的全部理想了——对于他那一代英国人，它也是一种典型的资本主义价值观。在英国八年，我不止一次听到长辈们津津乐道地谈论他们的工作、闲暇和娱乐，比起后者，工作才是生命的点金石。他们对自己的自然定义，基本上就是吃苦耐劳者（hardworking man）。在诸如《资本主义价值观：勤劳礼赞》[1]之类的文章里，也不谋而合地应道，社会主义者宣扬的那种田园牧歌式的生活是可耻的；那些关于

1 Miguel Anxo Bastos Boubeta, “The Values of Capitalism: in Praise of Hard Work”.

资本主义剥削、异化的理论，甚至通过立法减少工作日的行径，都把工作看成了“诅咒”，全然忽视了它对人类福祉的重要性；“你看，就连马克思主义者 E. P. 汤普森（E. P. Thompson）也不得不承认，即使是广大劳动者，也逐渐适应了资本主义的这一价值观：守则守时，严肃对待贸易交付时间、工厂纪律，以及对稳定、持续工作的需求”。

懒惰是可耻的，生于 1941 年的亿万富翁山姆·泽尔（Sam Zell）在一个访谈中说：“你这个懒虫，对，我说的就是你。你是那 99% 没错吧？你的年薪少于 393941 美元吧？你真懒啊，我们这些 1% 的可比你忙碌多了！”

［二］

这种价值观是怎么形成的呢？翻开英国历史，我发现，它最近可以追溯到 19 世纪。工业革命对英国社会的影响是颠覆性的，工厂在各大城市遍布花开，海量而低造价的工业产品，在自由贸易的旗帜下涌入市场。铁路的发明缩短了运输距离，大量的农民离开了庄稼地，奔赴城市。短短几代光阴，英国便由农业社会进入了工业社会。城市，成为黄金中的黄金。

以伦敦为例，从 1800 年到 1850 年，伦敦人口暴增一倍。贫民窟丛生，老旧的下水道不堪重负，粪便囤积在自家粪坑里，不管童工们如何彻夜挑粪，也还是无法改变伦敦的卫生状况，泰晤士河成了化粪池，连井水也浸满了排泄物，鼠蝇肆窜，霍乱蔓延。英国作家李·杰克逊（Lee Jackson）在《又老又脏的伦敦》（*Dirty Old London*）中写道："尿液不但让大气中聚满了氨分子，连店铺的油漆都被浸到褪色了。空气有多脏，看一眼摄政公园（Regent's Park）里的羊就知晓，从一头白羊变成黑羊，只需几天时间。"人模狗样的才俊们，一天得洗好几次脸，否则一不小心，就会变成摄政公园的羊……

当时新修葺的议会大厦，直面一汪粪水。封窗闭户，喷足石灰，都不顶用。遗弃大厦另辟新址，还是留下来和臭味厮守？议会就此展开了一番"臭气大讨论"（The Great Stink Debate）。结果是可歌可泣的，权贵们貌似终于明白了"城门失火，殃及池鱼"的道理，决定掏出300万英镑的重金，重修伦敦下水道。这个历时十四年的巨大工程，不但大大降低了霍乱和伤寒的死亡率，也让上流精英们，总算吸到了"没有黄金味"的空气。

原来，一个两极分化的社会，到头来谁的日子都不好过——社会改革家们善于抓住启示，于是便出现了像塞缪尔·斯迈尔斯（Samuel Smiles）那样的改革家，他支持19世纪工人阶级的"宪章运动"（Chartism），憧憬一个相对平等的"中产阶级的社会"，否定出身论，认为贫穷始于懒惰和不负责，只要努力工作，改变颓丧的人生态度，就能为自己找到上升空间。1859年，他出版了一本书，《自己拯救自己》(*Self Help*)。在书中，他用五字箴言，为维多利亚时代的底层们指出了一条通往中产之路："勤劳，坚持不懈，节俭，审慎，自力更生"。塞缪尔·斯迈尔斯的母亲便是该书的活广告，在其夫因霍乱去世后，她靠经营一家小杂货店，不但养活了九个孩子，还支付了塞缪尔·斯迈尔斯在爱丁堡大学医学院的学费。这本书让塞缪尔·斯迈尔斯一夜爆红。

于是人们将自己投入工作的炼炉。工人苦拼，文书更拼。19世纪的文书，通常先从学徒做起，积累了一些实地考察和数据分析的经验后，再向上爬，进入企业中层。文书们平均每周工作48小时，加班是家常便饭，就当做弥撒，且通常没有长期合约，雇主多是铁道商、煤老板、房建商或投机商等。当时的威尔士艺术家弗兰克·布朗温(Sir Frank Brangwyn)，就非常善于描绘这一充满斗志的时代风貌。他那些关于造船、修铁路、建博物馆、炼钢之类的作品，大气恢宏，肌肉搏张，还有点机械朋克的味道，尽管你在他的画里看不到一张清晰具体的脸。

当时的环境，也确实为新兴中产阶级的诞生培植了一些土壤。工业革命的隆隆齿轮，加上各种划时代的发明（如抽水马桶、照相术、香皂、冰激凌、剃须刀、电影……），加速着经济繁荣，亦带动了海外贸易、殖民地贸易、军工业、金融业、保险业、航运业、铁路和旅游业等新行业的发展，对文员、秘书、经理、教师、工程师、律师等白领的需求随之而生。与此同时，不断革新的社会制度，比如1832年，保护中产阶级利益、抑制大地主和贵族勾搭的《1832年改革法案》（Reform Act 1832）；1867年，进一步推动工人取得选举权的《1867年改革法案》（Parliamentary Reform Act 1867）；1870年，规定5—13岁的孩子必须上学的《1870年初等教育法》（Elementary Education Act 1870）；以及在整个19世纪到20世纪初，不可磨灭的"妇女选举权运动"（Women's Suffrage Movement）和1928年妇女投票权的全线确立……都在为中产阶级的形成推波助澜。

当时有多少人通过苦拼跻身中产呢？无从考究。但中产人口毕竟没有想象中的茂盛，通过"仆人人口"可见一斑。BBC的纪录片《仆人：楼梯下的真实故事》（*Servants: The True Story of Life Below Stairs*）说，资产阶级和贵族通常有60—100位仆人，相当于一个小军营，中产家庭则有五六位仆人，低中产家庭至少也有一位仆人，1891年全英的仆人人数约138万，而全英总人口为3788万。难道主人比仆人还多？这不太可能。可见新兴中产阶级（当时被称为"the middle sort"）正浮出水面，确实不假，但和贫困人口的数量一比，它仍只是冰川一角。

我从不反对“工作本位，勤劳致富”的价值观，但我质疑它在资本主义社会里的可生长条件。托马斯·哈代（Thomas Hardy）的伤心小说《无名的裘德》（*Jude the Obscure*）里的男主裘德·福雷（Jude Fawley），不甘贫穷，悬梁刺股，自学拉丁语和古希腊著作，妄想考入牛津那样的大学并立志当一名教师，还兴冲冲地跑到大学附近做石匠，半工半读，却自始至终遭人鄙视嘲笑，屡次落榜，终身不得志。

19世纪的英国漫画家乔治·克鲁克香克（George Cruikshank），曾画过一幅《蜂箱图》（The British Beehive），试图用“蜂后—雄蜂—工蜂”这个高度严密的等级结构，来阐释裘德式的悲剧。在《蜂箱图》里，高高在上的，是女王及其皇亲贵族，嫡传蓝血，天赋神权，凛然不可冒犯；往下是上议院（Lords）和下议院（Commons）；再往下是所属各种机构：传道、裁判、律法机构等等，这些机构的掌权者，组成了英国的精英统治阶级；再往下，是上流社会的腹地，统率医学院、科学院、人文学院、媒体、艺术学院等各大阵营；再往下，是商人和小资产阶级，比如茶商、糖商、作坊主、肉贩和小农场主等；蜂箱的底层，是洗烟囱工、砖瓦匠、矿工和马夫等，即工人阶级或无产阶级。当时最流行的一句话，不是塞缪尔·斯迈尔斯打鸡血似的五字箴言，而是“搞清楚你在蜂箱第几层（Know your place）”。当时向下等人传道的经书都是这样写的：“主啊，请让我在你安排的位置上心满意足吧！不嫉妒比我有钱、比我地位高的人，此生此世，让我在穷困和孤独里知足吧！”

哈代毕生反对阶级固化，也反对阶级固化与宗教保守主义之间的嫡亲和依存关系，很多权贵都很恨他，《无名的裘德》还被一位主教烧了。哈代叹道：“也许是没办法把我给烧了吧！所以只好烧书了。”[1]

前现代时期的英国，在我看来，是个非常奇葩的社会。不管你有多踵行“五字箴言”，权贵和宗教裁判所却总有办法让你相信“一切都是上帝的旨意”（God gives and God takes away）；一旦你陷入贫穷，此前的辛勤付出全不算数，你穷，只有一条解释——懒惰。1834 年的《济贫法》（Poor Law），将穷人划分为两种，一种是老弱病残，值得施舍；另一种是懒惰，不值得施舍。后者，不但不值得施舍，还须严惩。在英国社会现实主义电影大师麦克·李（Mike Leigh）的历史巨作《彼得卢》（*Peterloo*）中，某个穷伙计，冷得受不了，偷了件外套，就被判了绞刑，而大英帝国近三个世纪的殖民掠夺，近 35,500,000 平方公里的

---

1 Michael Pennington, “The Book the Bishop Burnt,” *Radio Times*, 26 Jan. 1986.

杀人越货，却不算“窃”。曾做过女仆的玛格丽特·鲍威尔（Margaret Powell）在回忆录里描述她的工作：“看完厚厚一叠工作清单，我还以为那是一周的工作量，结果却是一天的！于是我只好从凌晨5点一直干到晚上10点，一周七天，没有休息，不停地干，在地下室里，除了窗栏杆外川流不息的行人的脚，什么都见不到”——都已经累成狗了，仆人们还经常被主人视为懒惰，至于那些不肯为低到猪食里的薪水卖命的异见者，就更懒得没边了。而每天钟鸣鼎食、饭来张口的贵族，却“克勤克俭”，理应奉养和尊敬。

当然，19世纪也有例外，比如查尔斯·狄更斯（Charles Dickens）。可12岁辍学、每天工作超过12小时、每周挣6先令的童工里，又有多少人可以成为狄更斯呢？大部分的穷人，别说跻身中产，能活到30岁，就已经很有成就感了[1]。对于女性来说，情况更惨。受过教育，当上家庭教师（governess），并嫁给富豪男主，从此幸福地生活在一起的，恐怕除了简·爱，再没几个。大部分的家庭教师，过着寄人篱下的生活，不能和主人同台用餐，亦备受仆人冷落，孤零零地夹在两个阶层中间，薪水低得修不起靴子，也付不起手套的干洗费[2]。19世纪，普通白领文员，周薪不

---

1 Liza Picard, “Health and Hygiene in the 19th Century,” the British Library, 14 Oct. 2009.

2 Kathryn Hughes, *The Victorian Governess*, Bloomsbury Academic, 2002.

过5英镑5先令，不如伦敦的巴士司机[1]。亿万富翁山姆·泽尔大概不晓得，今天的情形也好不到哪去，很多人打三份工，别说年薪393941美元，就是国民基本收入也达不到。同样，绝大部分的人也不知道，山姆·泽尔出生于富裕的犹太商人之家，其父是成功的粮商和珠宝批发商。

托马斯读书时，学过一些木工，他想学得更精深一些，退役后便去当了学徒。学徒生涯长达六年，周薪只有5英镑（20世纪60年代初，英国的平均周薪是14英镑2先令[2]）。玛丽在电话公司做接线员，工资也不高，每到农忙季节，还得趁节假日去果园摘水果，挣胭脂粉饼钱。但19世纪继承下来的五字箴言，在那一代人的主流世界观里，却是根深蒂固的。他们坚信，只要足够拼，就能过上中产好生活。

［三］

我把玛丽在园艺中心挑选的东西，一一放入托马斯的后备箱，然后打开车门，扶着玛丽上了车，旋即钻入后座。为了表示对我的感谢，玛丽和托马斯要带我去他们家玩，

1 Liza Picard, "The Working Classes and the Poor," the British Library, 14 Oct. 2009.

2 National Average Wages HC, by Pariliament.uk.

对此我求之不得。自从在园艺中心几番促膝谈心之后，这对老夫妇就把我当成了他们的好朋友，尽管玛丽总是忘了我是谁。

这是2019年的初春，天空是冰蓝色的。那些具有猫重人格，喜欢在树林里玩失踪的鸟，例如柳雀、柳莺，因不堪忍受大工业种植后那一马平川的袒露，一早就冲进云霄见上帝去了。只剩下麻雀、黑鸟、灰鸽之类的平庸之辈，在花园里好死不如赖活着地栖息着。托马斯打开一袋新买的鸟食，像挂灯笼似的，把它们一一挂在树梢上。玛丽则坐在敞开的阳光房里，忙不迭地朝花园里的松鼠扔花生米。

环顾四周，他俩的中产梦貌似已捆载而归：两层洋房加小花园，客厅阔大明亮。一套20世纪90年代的真皮沙发，摆成老牌英剧里的“凹”形；橱柜里的酒具，阅兵仪式似的一字排开。唱片机旁是吉姆·里夫斯（Jim Reeves）的《电台时光》（Radio Days）或埃迪·卡尔沃特（Eddie Calvert）的《金喇叭之歌》（Golden Trumpet）。虽然没人会弹钢琴，角落里却摆着一台电钢琴。厨房有阳光房那么大，内设食物储藏室和两台大冰箱；车库里还有一台巨无霸雪柜，不时发出匪夷所思的呻吟。我竖起耳朵跟在托马斯身后，看他用蛮荒之力掀开雪柜的棺盖，刚想趁机把脑袋伸进去看个究竟，柜门就重重地合上了。

“这里面都是啥？”我问托马斯。“哦……当然是吃的啦！有什么问题吗？”托马斯递给我一根从那里面掏出来的雪糕，脸色有点异样。“你家可以开家超市了”，我开了句玩笑，旋即偷看雪糕纸上的日期，过期一年。看来中产的地位，还是没能战胜饥饿的记忆呵。

“这房子是你刚工作时买的吗？”我咽着雪糕。“是啊，1974 年买的！”托马斯露出些许得意。玛丽在一旁将信将疑，“这房子是我们的吗？”“当然是啦，我们已经在这住了四十五年了！”托马斯拍了拍她的手背。

我又环顾了一下四周，这一切，难道真的是全凭五字箴言打造出来的吗？

“托马斯，给我讲讲你过去的工作好吗？”我恳求。

“说来话长了……我的前东家，是我在语法学校的老师，他在自家后院搭了个棚子，让我做点茶几之类的家具。做好了，我俩就把成品扛上小拖车，拿到镇上去卖。有的商店需要展示台，看我的茶几做得好，就买下了……”托马斯从我手中接过小笔记本，一边讲述，一边试图记下自己承星履草的四十八年。

“自己的作品，要是别人说不要，岂不是很难堪？”

“那就多走几家呗！整个埃塞克斯郡（Essex），我俩都走遍了。一家家敲门，喜欢我的家具的人，还真不少呢！没过多久，我俩就搬到镇中心的一栋库房里了，团队成员的规模也壮大到十个人。1966 年，我还去了伦敦进修，获得了皇家特许的一级木工许可证，接着又拿到了英国家具协会颁发的荣誉证书。

看我挺卖力的，前东家就把我提拔为经理了。那时候，大家都没防尘概念，顶多也就戴个口罩。车间里弥漫着厚厚的木灰，我们看上去像长了身绒毛一样，吸尘管道和鼓风机什么的，都是后来的事了。20 世纪 70 年代，工厂壮大到近百人，我们的家具开始销往美国和全世界，在苏格兰还设了分厂。每周，我都要开车去一次苏格兰，单程五六个小时，监工完了再开回来，到家都快凌晨了。那时我一周工作六天，每天早上 5 点半起床，忙到傍晚 6 点，午间只有 30 分钟的吃饭时间。别人有双休日，但我们没有……”

“那你的工资一定很高吧？”

“哪里啊，在中等工资里，算低的吧！”托马斯苦笑。“我们的家具做工精细、考究，所以很受欢迎。比如我做的书柜，今天大学里的图书馆都还在用。1977 年，我亲手制作的木匣子，还在女王在位二十五周年纪念日（Silver Jubilee）上，被当成我们镇的贡品，献给了女王。”托马斯打开橱柜，想找那个贡品的证书，一本邮票般轻小的迷你《圣经》，不经意地从橱柜里掉了出来。“算了，估计找不到了”，他把《圣经》轻轻拽在手里，继续说道，“20 世纪 90

年代工厂达到了顶峰，此后就慢慢萧条了……”他那亢奋的语调终于缓慢下来，目光有些低迷。

“怎么会呢？”

“哎……主要是前东家的两个儿子太讲排场，花了上千万英镑，定制了一艘大船，要开着船，带着我们的家具展示品周游世界。结果船没做好，开到了布里斯托港（Port of Bristol）就挂了。”

“你没法阻止吗？你管着一百多号人的饭碗啊！”

“没办法……”

托马斯的儿子克里斯后来告诉我，那俩小子是在别墅里长大的。他小时候和父亲去过一次他们的宅邸，忘了为什么去了，只记得那是一座园林中的大房子，有自己的人工湖泊和黑天鹅，还有直升飞机。我随后得知，托马斯的前东家，那个曾和托马斯一起、走家串户卖茶几的人，是英国已故家具大亨 N. V. 佩德利（N. V. Pedley）。

“你在这家工厂，见证了它从白手起家到国际化的过程，作为经理，工作了近半个世纪，一定拿到了不少养老金吧？”我问。

“没有，一分钱养老金都没有。我退休时，是 2002 年，英国还没颁布强制性的雇员职业养老金法案（Workplace Pension）。我们这一代人，只有国家养老金（State Pension）。玛丽也一样，她先是做接线员，然后进了一家生产塑料薄膜的工厂，之后在我的前东家那里帮工，然后又去了房建公司……除了带孩子的那一两年，她这辈子都在工作，所以她也有养老金。对吧，玛丽？”托马斯自豪地拍了拍玛丽的肩膀。

国家养老金诞生于 1908 年，最初，只有 70 岁以上的老人才能领到，且只有 5 先令一周。1948 年，工党政府将领取养老金的年龄改为男性 65 岁，女性 60 岁，并推出了国民保险契约。按此契约，托马斯和玛丽从工作第一周起，每周缴纳一定数额（约中等周薪的 5%）的国民保险金（National Insurance），缴足三十五年，到达退休年龄后，每人每周就能拿到 125.95 英镑的满额养老金——这是 2016 年之前的待遇。2016 年后，升了点儿，有 164.35 英镑。国家养老金一视同仁，不管你是清洁工，还是银行经理。对于不得不辞职在家照顾 0—12 岁孩子的妇女，也一样，照顾了多少年，就能获得多少年的国民保险积分（National Insurance Credits），凭积分同样也能领到一定数额的养老金。除了养老金，托马斯和玛丽那代人还有冬季供暖费（65 岁以上 200 英镑 / 户，80 岁以上 300 英镑 / 户）；因玛丽患有阿尔茨海默症和膝关节严重劳损，托马斯作为她的全职看护，每周还能获得 64.4 英镑的看护费——这笔钱，正好够付私营护理中心每周上门三次、每次 45 分钟、每月 230 英镑的洗澡费。此外，65 岁以上老人的巴士费，75 岁以上老人的电视费，也是全免的，坐火车还有三分之一的折扣……

“你生老大的时候，胎位倒转，加上一堆并发症，几天不省人事，差点连我都不认识了，记得吗？”托马斯握着玛丽的手，试图唤醒她的记忆，“生老二老三时，也是大坎，双胞胎、足斤足两，助产士们频繁探访，还提前把你送进了医院，不记得啦？”

“玛丽进的是 NHS（国民健康保险）的医院吧？”我问，旋即意识到这个问题的多余，在英国，只有 10.6% 的人用得起私人医保。

“当然是国民健康保险啦！”托马斯笑眯眯地说，随即秀出一叠玛丽的尿片。Attends 牌，柔软棉厚，据说横穿水帘洞也滴水不漏，5 片 7.39 英镑，托马斯却不用付一分钱。尿片也好，轮椅也好，助听器也好，全都是国民健康保险提供的。国民健康保险不但提供终身免费医疗，还免去了 16 岁以下儿童、60 岁以上老人，以及残疾人和孕妇的处方费。

听着托马斯如数家珍地回忆孩子们出生时的光景，我突然茅塞顿开，脑中闪过英剧《呼叫助产士》（*Call the Midwife*）里那些紧张夺泪的画面。什么全靠个人打拼？斗转星移，这世上基本上还是只有两类人呵！一类是托马斯，另一类是他那拥有直升飞机的前东家。只是比起 19 世纪，两者之间多了一种饱受争议的建制，它就是英国工党战后建立起来的福利制度。

只需掐指一算，就能算出来，倘若没有国民健康保险，托马斯和玛丽一家五口，随便谁，一个大病，房子估计就保不住了吧？不单是国民健康保险，还有每个孩子16岁前，每周15英镑左右的儿童补贴，还有三个孩子小学到大学的免费教育、失业和残疾救济金，以及让这对老夫妻此刻赖以为生的国家养老金和各种补助……这里面，没有一样，是托马斯的前东家，即资本家提供的。所有福利和保障，是托马斯和玛丽用其辛勤劳动，用近半个世纪的基本收入税（20%—30%不等），以及一个运作精密的福利制度换来的。从中抽取任何一项，托马斯之家的中产地位，是否还能固若金汤呢？

［**四**］

为了寻找答案，接下来，我把焦点放在了托马斯和玛丽迫在眉睫的养老问题上。玛丽已经失去了大部分记忆和自理能力，为了照料她，托马斯曾一度累得晕倒，要不是被家猫舔醒，及时拨打急救电话，后果不堪设想。假如俩人同时失去自理能力，该怎么办呢？

若在19世纪，这层重担通常由儿孙担负；贫困的孤寡老人，就只能往济慈院之类的慈善机构里送了。济慈院条件极其恶劣，为了便于埋尸，旁边通常就是墓地。富人是不需要老人院的，因为他们有大宅和仆人[1]。老人院是20世纪20年代晚期，随着民主和现代化进程，逐渐出现的产物。它最初由公共援助机构（Public Assistance Institution）掌管，1948年，英国工党推出《国民援助法》（National Assistance Act），要求地方政府通过整合税收，为老幼病残提供援助。1960年，只有10.3%的老人住在私营老人院里，地方政府出资或慈善机构开设的老人院，在养老业中占了绝大比例。但这一自由主义加民主社会主义的运行模式，很快便被20世纪80年代以来，以自由市场为核心价值观的新自由主义摧毁了。国民养老资金被裁减，纳税人扶持的养老模式危在旦夕。1985年到1990年，撒切尔时期，私营养老院所向披靡，增至82%[2]。2016年，公共养老资金被保守党的紧缩政策砍去50%。英国养老院共计11300家，纳税人扶持的养老院只剩5%，剩下的95%，则掌握在私营集团和少数慈善机构手里。与此同时，老人的数量却仍

1 Judith Flanders, *The Victorian House: Domestic Life from Childbirth to Deathbed*, Harpercollins, 2004.

2 Sheila Peace, "The Development of Residential and Nursing Home Care in the UK," in Katz, Jeanne Samson and Peace, Sheila M. eds. *End of Life in Care Homes: a Palliative Care Approach*, Oxford: Oxford University Press, 2003, pp. 15—42.

像韭菜一样葱郁生长。2016 年，65 岁以上的英国人口占 18%；2015 年（到 2025 年，85 岁左右的老人，将从 150 万增加到 200 万）；预计到 2039 年，英国的某些地区中，三个英国人中就有一个超过 65 岁。

人类社会攀上前所未有的长寿峰，在投机商眼中，真是百年难遇的商机。很多投机商不惜举债大开养老院，一旦陷入经营和债务危机就逃之夭夭，扔给当地政府一个烂摊子。一家名为“山谷之景”（Valley View）的养老院，倒闭前一周，竟让老人们速卷铺盖，自行撤离。

我一边脑补驼背鹤发们“飞跃老人院”情景，一边四处走访私营老人院，为了一睹其真颜，谎称为我的婆婆寻找“最后的避难所”。

和想象中冰冷孤清的色调不同，今天的老人院，大多色彩浓艳。在“莉莉之家”（Lily House）老人院，我仿佛撞见了一个“托儿所”。为了让阿尔茨海默症患者找回自己的房间，每个房门都涂了不同色的油漆，姹紫嫣红，还挂上了照片和名字。此外，你还可以根据自己的喜好装修房间。接待人员推开一扇扇房门，炫耀道：“你看，每间房都不一样！”

布局不同，内容却大同小异，打开来仿佛一只记忆的套盒：结婚照、毕业照、全家福、旅行纪念品、风铃、婴儿推车……咦，为什么还有婴儿推车？“患阿尔茨海默症的妇女们，经常以为自己要生了，不然就是以为自己在度产假……你看，这些洋娃娃就是她们的宝宝。”接待人员露出苦笑。我凑近去看，小毯子底下果然盖着几只洋娃娃，眼珠又蓝又大，闪烁着塑料花般的蓬勃生机，和老人们那灰暗迟缓的目光，形成突兀的对比。

虽与闹市一墙之隔，私营养老院的内里，却像是一个隐秘失声的世界。一般访客要在门卫处填表，表明亲友关系，才能进来。一条狭长的走道，前后左右都是“铁门”，需要密码才能出入。接待人员对我说，这是为了防止患阿尔茨海默症的人逃跑，或趁机溜进厨房（捣乱）。英国“助老爱老”慈善机构“用心关怀”（Chosen with Care）的创始人戴比·哈里斯（Debbie Harris），曾在TED演讲中倡议，养老院应对外开放餐厅，让人们自由地与老人们共进午餐，这样一来，养老院的饭菜就不会那么难吃了，老人们再也不用眼巴巴地与外界隔栏相望。而从我的实地观察来看，这一倡议显然并未得到多数养老院的支持。

我把录音笔藏在围巾底下，跟在接待人员的后面，走进了电视厅。电视开得震耳欲聋，却没有多少老人在看，他们或是凝视着自己的鞋子，或是用失焦的瞳孔望着我。也许是公共空间的缘故，里面散发着一股比单人卧房更浓重的老人味，一种只有在很深的皮肤褶子里，或在过期瓜瓢密封多年的体液里，才能闻到的气味，一种与阶级再无干系的气味。

我趁接待人员不注意，半跪在地上，握住一位老奶奶的手，“你好吗？”我问。“不好……”她的泪腺立刻充盈起来，“我的背好疼，这里也很疼……”她伸出脚，她的脚踝肿得像大象，那头19世纪用来做电击实验的、叫托普希（Topsy）的大象，沉浸在某种静止的战栗里。接下来她又说了一些什么，我听不清，她的声音如此稀薄，有如阳光下的雾水。

这家养老院的收费是998英镑一周。我倒吸一口凉气，问：“没钱怎么办？”接待人员说，可以卖房，或者先住上，死后再用卖房款来偿还。

在另一家私营养老院“薇拉·詹姆斯之家”（Vera James House），接待人员用钥匙打开一间单卧后，似乎才意识到秀错了房间，只好尴尬地向我解释，病人刚走，他们正打算重新装修……可惜已经晚了，空荡荡的房间和厕所里，飘出一股刺鼻的尿味，我捂着鼻子逃了出来，想起常年小便失禁的玛丽——我可从未在她家闻到过一丝腥臊。

秀完阳光充沛的图书馆，接待人员又热情地向我秀一只高科技坐垫。这种据说结合人体工程学原理的坐垫，坐在上面的人只要一站起来，就会传出“离开座椅”的信号，也许是有 AI 加持？这家养老院收费比较高，要 1096.54 英镑一周。

我偷偷拿出房产地图计算了一下，托马斯和玛丽的房子，目前市场价约 50 万英镑，如果他俩都要住养老院的话，每人只能住上个四年左右。除了房子，他俩那些不算高贵的红酒杯、鸟雀标本以及各种廉价的旅游纪念品，全部加起来，再折旧，估计也只能在养老院度个周末而已。

托马斯和玛丽那一代的中薪阶层是幸运的。二战之后，百废待兴，家园重建需要一套新的政治话语，战后工党政府推行凯恩斯主义，半计划经济，加上医疗、铁路、水电、矿业、教育等公共资源的国有化，缓解了巨大的就业压力。与此同时，从美国那里借来的 43.4 亿美金的战后重建资金，也及时注入了英国市场。重建需要大量劳力，加上工会一度称爵，对学历无高要求，低技能的工作，也能获得体面的中等收入。此外房价也不高：20 世纪 70 年代，英国国民平均周薪约 32 英镑（100 英镑相当于 2019 年的 1519 英镑），彼时一栋两层小洋楼，只要不在黄金地带，最多只要 4975 英镑。托马斯和玛丽的房子，当年买的时候还不到 5000 英镑。房价低，利息也低，还贷自然不太吃力。据《卫报》报道，二战后婴儿潮期间出生的雪莉（Shirley）和彼得·克鲁克（Peter Crook），1982 年花 23000 英镑买的房子，十三年后就还清了。

托马斯和玛丽也是不幸的，假如失去自理能力，不得不住私营养老院的话，仅需四年，他俩仅有的资产，一栋漂亮的小洋楼，一枚中产的象征，就没有了。

说起房子，莉迪娅·希尔（Lydia Hill），东英格兰（East Anglia）的工党参议员候选人告诉我，1976 年，她以 7500 英镑的市场价，卖掉了伦敦的一套一居室；同年，又用 17900 英镑，在伦敦特丁顿（Teddington）买了一套维多利亚时代的三居室。2017 年，那套三居室升至 110 万英镑，比 1976 年涨了 61.45 倍——而那掌握在退休人士手中、占全英 40%、约 1.6 万亿英镑的“国民财富”，不是别的，正是房产，房产而已。

当一套套房子，以 50 万英镑左右的市场价值，以四年的时速，源源不断地涌入私营养老院（仅仅只是养老院，还不是医院）的时候，你是否会终于产生某种国民财富众流归海，最终纳入那 1% 的既视感？

有人说，房子生不带来，死不带去，人都到这个份上了，临终关怀更要紧——人活一世，不就为了这点体面吗？然而当人类的一切，从健康到尊严，全都可以待价而沽时，现实给出的，却是另一个答案。

BBC 2014 年 5 月的全景栏目（*Panorama*），借家属在某养老院的偷拍镜头，曝光了一位叫伊冯娜（Yvonne）的 90 岁高龄老人晚饭后上厕所的全过程：呼叫“护士”

321 次，叫“我要上厕所”45 次，用茶杯敲饭桌 26 次。此间看护来过一趟，只抛下一句“等五分钟吧！你以后应该尿到尿片上！”就走了。20 分钟过去了……直到 22：45 分之后，伊冯娜才终于被粗鲁地搀进了厕所。该栏目说，像这样不合规范的私营养老院，在英国多达 1100 家。2017 年，全景栏目再次借用偷拍技术，这次拍到的是看护不停扇老人耳光（6 次）的画面。

波兰公民马丁·普罗赫尼斯基（Marteen Prochnicky）曾在英国从事过看护工作，就相关问题，接受了我的采访。“虐待或忽视老人的事件，在私营养老院真的很常见吗？”我问。

“在我工作过的老人院，虐待事件是普遍存在的，作为目击者，我曾向主管举报过两次，上头却威胁要炒掉我。我说，如果你们不干预，那我只有报警了。”

“是怎样的虐待？”我追问。

“比如一位患阿尔茨海默症的盲老人，我的领班一边给他洗澡，一边呵斥他，一会命令他坐下，一会命令他站起来，还不许出声！接着用沾满肥皂泡的毛巾捂他的眼睛，猛搓他的脸部皮肤，故意激起他的反感情绪，以期达到‘我这么做理所当然’的目的；另外还边给患者洗澡，边打电话，同时还教育我如何对付这类‘麻烦分子’之类……在我的坚持举报下，这个领班终于被遣走了。”

“你觉得这些虐待事件的根源是什么？”

“一部分是因为看护工资太低——肯定有看护会说，屎一样的工资，不做也罢。当然，大部分的看护还是有良心的，尽管薪水低得匪夷所思，比如像我这样追求人间和谐圆满的白痴。老实说，那种圆满带来的满足感，还真能让人变得有点强大，感觉做完一个 12 小时轮班，还能去一趟健身房。”

除了工资低，似乎还有另一个原因。网名为 Ymimad49 的观众，在全景栏目后留言说：“我曾在养老院工作过，那里的员工非常少，根本没法完成任务。我们每天凌晨 4 点起床，要四小时的时间，才能完成所有照顾老人穿衣洗漱的工作，并赶上 8 点的早餐。”伦敦大学学院精神病学系的克劳迪娅·库珀（Claudia Cooper）博士也证实了这一点。

工资低，雇员少，全英 99% 的养老院都存在不同程度的虐待[1]，听上去不是三无黑店的勾当吗？然而不少被曝光的养老院，却身出名门。比如马丁·普罗赫尼斯基曾举报过的那家，就隶属保柏国际医疗集团（BUPA）。保柏是跨国医保集团，旗下拥有 320 万顾客，覆盖 190 个国家，在英拥有超过 250 家养老院，除了养老以外，还经营保险业

1 UCL & the Camden & Islington NHS Foundation Trust 数据。

务。如此阔绰，付给看护的薪水却只有平均每小时 7.85 英镑，低于 2019 年 4 月始，全英 25 岁以上员工的最低工资（8.21 英镑 / 小时）水平，付给高管的平均工资却高达每年 37500 英镑。

谷歌搜“大牌养老院虐待事件”，就会闪出各种指控，凄凄厉厉，掷地有声，像极了一幕为吸血鬼哥特剧制作的片花。

这家不好，换一家可以吗？新自由主义不是提倡“竞争机制”吗？可转了一圈，你就会发现，六家大集团分别掌控数百家养老院，占全英养老业份额的 17%。不过 17% 而已，不至于成为惊弓之鸟吧？话说 1931 年，伦敦华特林街（Watling Street）第一家乐购超市（TESCO）刚显影的时候，人们大概也不会想到，日后它竟变得如此肥大，甚至不得已要从“垄断”（monopoly）这个词中，衍生出一个新词“Tescopoly”，才能比较确切地描述它。英国深度调查记者乔治 · 蒙比奥特（George Monbiot）在他 1999 年的著作《被俘之国》（*Captive State*）里，也不止一次地谈到过资本扩张中的肥大症，并举了威尔士山区牧羊业被垄断经济生吞活剥的例子：“……上周我失去了一个好朋友（没法儿，羊卖得太贱），那哥们走到畜棚里，把自己吊死了”。多讽刺的一幕，乔治 · 阿甘本（Giorgio Agamben）说，上帝没死，他只是化作了金钱，接着地平线就升起了一幅老人和羊像韭菜一样被作为牧羊人的上帝收割的画面。

［五］

养老院再糟糕，托马斯和玛丽也算是付得起四年看护费的那个阶层，并非所有的同代人都像他俩那样幸运。每次去诺福克（Norfolk）海岸，让我印象深刻的不仅是它的钴蓝和浩渺，还有那些在沿海小镇摆地摊的老人，那帽檐底下颤动的白发、钉螺似的颈纹、脸部凹陷之处风干的微笑。一捆彩色橡皮筋，1 英镑；一顶遮阳帽，2 英镑；灰不溜秋的石膏小天使，50 分……在英国，有 190 万退休人士挣扎在贫困线上，占退休人口的 16%。法律规定，对房产和存款总值少于 23250 英镑的老人，地方政府有义务为他们支付部分护理费，无奈紧缩却一直在加剧地方政府的赤字。据慈善机构“老年英国”（Age UK）2017 年公布的数据，无房可卖却又急需看护的老人超过 100 万。

彭妮就是这些无房老人中的一位，她 70 岁出头，丈夫去世后便寡居在英格兰东部的一个乡村里。英格兰地方民间传说里，有不少关于寡妇的描述[1]。有个寡妇，除了高

1 比如 Kevin Crossley-Holland, *The Old Stories*, Cambridge, 1997。

个子汤姆（Long Tom），穷得一无所有。汤姆是她的儿子，四肢发达，两肩容有大片余地，扛几百斤秣草不在话下，但偏要和人打赌，扔下十字架，夜闯湿地，结果在某棵白须柳下，被一只不见躯干的枯手抓走了。剩下那可怜的寡妇，哭得整个人都缩小了一圈。彭妮住的村庄，腹地也是一片湿地，走在冬日的田埂上，看寒风压断芦苇，仿佛还能听见那哭声……那是前现代社会的留声。

彭妮曾随做饰品生意的丈夫在津巴布韦生活多年，不幸遇上了2000年津巴布韦大崩溃，独裁统治的老大哥罗伯特·穆加贝（Robert Mugabe）为了讨好盟国，在民不聊生、无税可征的情况下，竟然想到了印钞。一筒卫生纸，涨到417津元，相当于1.2美金左右。生意毁了，丈夫又不幸病逝，彭妮不得不只身逃回了英国。

“那是噩梦般的一年，我们在津巴布韦的房子，四房一厅，加一个花园，只卖了400英镑，几十年积蓄一夜间成了废纸，”彭妮边说边站起身，给我看摆在火炉上的三只瓷碟：“只剩几只碟子，实在不舍得卖，千山万水带了回来。你看看，它们像不像你们中国清代的东西？”

那三只瓷碟，描着繁复的晚清（或明治时期）纹样，又混合了不少西方元素，极有可能是20世纪60年代在中国香港制造的。果如其然的话，三只加起来也不过200英镑。

“回英后，您都做了一些什么呢？”我坐立难安地转移了话题。

“工作！当务之急肯定是找份工作。我先是在某个大学做前台，然后又到国家医疗服务体系旗下的一家诊所做前台，一直工作到 67 岁。可惜正好碰上了 2008 年危机，所以退休前一直没有任何提薪机会，拿的职业养老金就比较低……”

职业养老金，是 2012 年保守党政府为减轻国家养老金负担，要求雇主必须向员工颁发的一种养老金。理论上按工资和工龄计算，工资越高，工龄越长，养老金就越多。

“诊所七年，职业养老金是每月 246 英镑；大学三年，职业养老金每月 69 英镑。此外我还支付了十多年的国民保险金，所以现在每周有 89.25 英镑的国家养老金。统统加起来是 671.96 英镑……”

“那不是交完房租就得去割野菜了吗？”

“所以我得申请住房补贴啊……目前，东剑桥郡议会（East Cambridge Council）为我支付房租的一部分，每月 504 英镑，剩下的得自己付。要是没有住房补贴，我可能就得和孩子们挤在一起住了。孩子们的居住条件也相当局促。”

“你想过自己有一天会住进养老院吗？”

“没有钱，就先不去想这个问题好了……过一天算一天吧！”

独身的凯茜，也几乎从不去想这个问题。此刻，她正穿着旧货店淘的绿色晚礼服，戴着艳丽的棕红色假发，在舞池边缘左顾右盼，四处挥洒着她那渔网一样密集的目光。

“阿根廷探戈的传统，女伴不能邀请男伴，非得男伴请女伴，怎么请呢？全靠眼神放火，四目对视。像这样……”凯茜一边狩猎她的舞伴，一边向我解释。“可惜我已经75岁了！你看你看，他们只请那些小妖艳，哎，真讨厌！”凯茜是被20世纪60年代各种革命思潮洗礼过的年轻人，喜欢米歇尔·奥巴马（Michelle Obama），玛丽·沃斯通克拉夫特（Mary Wollstonecraft），狄兰·托马斯（Dylan Thomas）和陀思妥耶夫斯基，曾经常跑到伦敦尤斯顿车站（Euston）旁一家叫“改变一切”（Transformation）的酷儿老店玩换装，所以她一有机会，就会犀利地抨击阿根廷探戈中那种“根深蒂固的男性主导意识”，却又无法逃脱探戈的魅力，像跌进树洞的兔子，被某种曲折婉转又看不到底的美迷惑，再也分不清身处陷阱还是仙境。

每个周末，她都会跑到剑桥的一个舞蹈班学探戈，65岁以上有折扣，但8—9英镑一节课的学费却怎么也少不了。为此，她很省，总是吃那种一小块就能让人产生果腹感的高热量袋装甜点。也没见她买过什么昂贵衣服，除了舞鞋。“一双探戈舞鞋最少也要90—100英镑，好鞋就是好脚，省不了啊！”72岁时，她迷上了探戈，这致命的爱，一点都不比17岁的初恋省心，何况她还患有帕金森症，双手必须紧握在一起，才能防止它们弹簧式地抖摆。但这又如何呢？被美蛊惑的女人是迷人的，当她陶醉地欣赏着阿根廷舞蹈大伽胡安·曼努埃尔·阿科斯塔（Juan Manuel Acosta）和马约·卡瓦列罗（Majo Caballero）的舞姿时，我透过黑压压的观众席，发现几个年轻的女孩儿也在偷偷地，凝视着她。

凯茜一生都在工作，可惜都是那种兼职或零合约工作，所以她一辈子都没什么积蓄。像托马斯和玛丽一样，凯茜到退休年龄时，职业养老金还未强制普及（即使普及，该法对低收入者也不适用，月收入达不到503英镑的劳工，没有职业养老金），她自然也没有职业养老金。至于国家养老金，必须每周交纳国民保险，交足三十五年，才能指望上。对于周薪1000镑的中产来说，87.6镑的国民保险，不算沉重，但很多劳工，比如零合约的清洁工和看护，有时连162镑周薪也挣不到。周薪不足162镑，没有余钱交国民保险的人，老后只能申请养老金补助（Pension Credit），它的数额因人而异，最近几年来，还要通过各种脑洞大开、有伤尊严的防假测试（means test），你最好配偶仙逝，子女双亡，脚瘸再加聋哑，这样才能比较保险地拿到全额养老金补助。凯茜目前拿的，就是不全额养老金补助。这点收入，谁敢轻易退休？所以凯茜直到今天还在工作。2017 年毕马威的数据显示，21% 的英国在职人员，因为工资太低，生活在贫困（in-work poverty）之中。

每天早上，凯茜会离开她的廉租房，钻进一辆灰色的破车，到威尔伯顿（Wilburton）的一个大户人家遛狗。“我本来是清洁工，但是自从得了帕金森症之后，他们就不让我搞卫生了。他们也是没办法，这么大的房子，要 15 个小时才能搞完。”凯茜边说边给一只灰毛狗拴绳子，她要带我去这户人家的树林里遛狗。

“遛狗也不错啊，轻松，又可以锻炼身体！”我安慰她。

“嗯，是啊，10 英镑一小时，一个月有 200 镑呢，我家主人算是很慷慨的了。假日或圣诞节什么的，他们还请我看房子，也是 10 英镑一小时，感觉像天上掉下来的一样。”

几分钟后，我们就来到了树林里。这是一片广阔的、可以狩猎的私家树林。榉树、松柏、白面子、黑樱桃……层层叠叠，像一幅无穷尽的卷轴画，在我们的身边展开。

“我死的时候，如果能埋在这里就好了，”凯茜亲密地揽过一截枯枝，“有时候，我觉得这里就像我自己的家一样，漫天的树叶，无尽的阳光。”

[六]

有人说，福利制度专养懒汉和寄生虫。我所看到的是，没有福利制度，托马斯和玛丽那一代人的中产地位就岌岌可危，而像彭妮和凯茜这样的无产老人，能否活下去都得打个问号。前爱丁堡大学的哲学教授、英国智囊（Think Tank）的总监西蒙·约翰·达菲（Simon John Duffy）说："福利制度还不够完善，福利太低才是困境的根源。英国的就业率非常高，但工资却非常低，很多人打几份工，并由于工作缺少保障而频繁更换工作。大部分救济金，是在职救济（in-work benefits）。最近四十年来，只有活在顶端的那 15% 的人获得了真正的收入增长，剩下的人全都在面对一个相对的收入萎缩。正因为福利太低，穷人才离不开低薪工作，结果变得更穷，同时雇主们也懒得在更富有成效的方式上投资。"

今天，千禧世代（Millennials，指 80 后、90 后、00 后）中的中低收入阶层，面对着托马斯和玛丽无法想象的生存困境。先是撒切尔政府砍断了工会的胫骨，让劳工丧失了话语权；接着是水电、电信、铁路、石油、钢铁等公共资源的私有化，以及随之而来的垄断；20 世纪 80 年代撒切尔即将出台"购买权政策"（Right to Buy）时，仍有 650 万套福利房，截至 2017 年，福利房几乎被贱卖了约

69%，其中超过 40% 在私人房东手里。“购买权政策”推出不久，又刮来了鼓励私人购房风，房贷手续被一简再简，炒房人士乘风而上，终于形成了高房价的困局；接着又刮来了鼓励私人购房风，房贷手续被一简再简，炒房人士乘风而上，终于形成了高房价的困局。此时，相比退休人士手中 1.6 万亿英镑的房产值，35 岁以下的工薪阶层，仅拥有 2210 亿英镑的抵押资产净值（equity）。年轻人沦为高价租房奴，基本可以抛弃买房幻想；20 世纪 70 年代到 80 年代的降税政策[1]，更加剧了贫富分化——就连彼时英国在北大西洋北海石油开采所获的近 1660 亿英镑的税收（亦被称为“天降之财”），也在减返富人税、私有化中的产业结构重组，以及购买近千家豪车的代理权中被耗尽了；然后又是股市平民化，口袋里只有五英镑的人都被诱去炒股；完了是次贷危机和 2008 年金融风暴、减缩、国家医疗服务体系私有化的蛊惑、高昂的大学学费和高利息的学费贷款、1% 的悄然崛起、移民歧视、新纳粹、极左和极右的互撕，眼下还有一个举国跳崖式的无条件脱欧……

对年轻中低收入者来说，托马斯和玛丽那一代曾拥有过的阶级上升空间，似乎只成就了一朵半个世纪的昙花。

1　1979 年，最高收入税从 83% 降到了 60%，基本收入税从 33% 降到了 30%。到了 1988 年，最高收入税已经降到了 40%，基本收入税降至 25%。

今天，不要说低薪阶层担心老无所依，就是年轻的大学讲师们也如履薄冰。2018 年 3 月，我在为《英中时报》采访“英国大学教职员工职业养老金被裁事件”中得知，几乎每所大学都在想方设法取缔全职合约，因为这样一来，就能省掉不少职业养老金了。爱丁堡大学的讲师玛丽昂·施密德（Marion Schmid）曾私下告诉我，现在很多大学老师拿的是小时工资，和零合约几乎没有区别：“这和我们的付出实在是太不成比例了，你得先读到博士，幸运的话，博士后，人生头三分之一或二分之一就过去了。然后代课、试用、签短期合约……工资从不曾丰裕，现在他们又发明了小时工！”在“大学讲师小时工”（Hourly Paid Lecturer Jobs）的网页上，果不其然，罗列着各种各样的小时工……引用《观察者》（*The Spectator*）的诠释，职业养老金小猪罐里的钱，都拿去买风投了。而风投这种东西，据说坏起来，堪比 1929 年灰飞烟灭的华尔街。也许，这就是国民养老金被自由市场机制置换之后，必将经历的地雷之旅吧！

年轻人的困境，老一代人并不见得都能感同身受。他们中不少人，从不看经济或政治类的书，也不爱与儿女讨论社会问题，家里除了娱乐为主的电视节目，唯一了解外界信息的渠道，不是右派的《每日电讯报》，就是《每日邮报》，而且主要用来玩填字游戏。看 2017 年的英国大选，69% 的 70 岁以上老人都选了提倡减缩的保守党；

60—69 岁的选民中，选保守党的占 58%，50—59 岁，则占 47%。为什么火鸡总为圣诞节投票？原因诸多，但有一点非常显著，绝大部分的老一代人，尽管他们像托马斯和玛丽一样，曾是福利制度这颗糖的甜蜜受益者，却一厢情愿地相信，自己的中产好生活是“个人打拼”的结果，这是资本主义自 1834 年的《济贫法》推广以来，在价值观上取得的最大胜利之一。年轻中低收入者们还因此得了一个花名“雪花”（Snowflakes），即“虚荣、懒惰、易碎，妄想不劳而获”。如果年轻人抱怨薪水太低，老一代人的解决方式是，那就脱欧，脱欧之后，移民们就不会再来抢你们的饭碗了。所以你会看到 65 岁以上的选民，64% 选择了脱欧，和保守党 138 个议员的选择不谋而合（相比工党的 10 个议员，自民党、苏格兰民族党和绿党的 0 个议员），用《独立报》专栏作家安德鲁·库珀（Andrew Cooper）的话说，它是资本主义在“国家主义”价值输出上的巨大成功。

在一个崇尚《济贫法》和“国家主义”的社会，善往往是一种施舍。比如保守党不是没有修建过福利房，只是更倾向于廉价建材。1968 年因豆腐渣造成的东伦敦罗南角（Ronan Point）大楼倒塌悲剧，2017 年在格伦费尔塔（Granfell Tower）大楼的火灾里再次重演，因防火板造价 330 万英镑，保守党嫌太贵，为省 130 万英镑，将项目投给了便宜的公司。这还是 2010 年以来，砍掉了 90% 的福利房预算之后，精打细算的结果。对自己的穷人尚且如此，对别国的穷人可想而知。难民要通过“齿检”，确认是儿童，才比较有机会入境并申请庇护。

今天的资本主义，从农业资本主义时代（agrarian capitalism）算起，已经400多岁了。一具400多岁的残躯，就算是吸血鬼，也早就过了新陈代谢的最佳状态。因为太老，内部癌瘤众多，积污累垢，美国印裔作家阿南德·古列达拉达斯（Anand Giridharadas），原《时代周刊》的主笔之一，甚至用“新封建主义”（New Feudalism）来形容它的退化，而大多数人，却仍在沿用19世纪的价值观，加剧着它的衰老和腐败。

注：文中托马斯和玛丽为化名。

他们共处于同一时代的苍穹下，他们的头顶是托尔斯泰、莫里斯和费边社，是因时代的剧变而形成的思想结晶。因为无远弗届的工业化影响，他们不约而同地到农村和民间社会去寻找济世的良方，他们的乌托邦努力响彻他们所属时代的云端。

乌托邦田野：达廷顿实验

撰文　欧宁

前往托特尼斯

火车从伦敦帕丁顿站出发，向西穿过英格兰南部，约三个小时后进入了德文郡（Devon）。2012年我曾到过相邻的韦茅斯（Weymouth），去探访文学翻译韩斌（Nicky Harman）的乡居。韦茅斯所在的多塞特郡（Dorset）南岸与德文郡的东岸面朝英吉利海峡，都属于侏罗纪海岸，2001年入选世界自然遗产，是英格兰唯一的世界自然遗产。这里气候温和，与伦敦的阴冷形成鲜明对照，所以很多英国人喜欢前来度假。火车再沿埃克斯河（Exe River）南下，紧贴着英吉利海峡开阔的洋面边缘继续前行，不到一小时的时间，就到了此行的目的地托特尼斯（Totnes）。

我第一次听说恩厚之这个名字是在2013年。艺术家邱志杰邀请我去中国美术学院给他的学生讲“碧山计划”与乡村建设，演讲完之后他进行总结发言，提到2005年在达廷顿艺术学院驻留时在档案馆中看到创办人与宋美龄的通信，这个人叫伦纳德·埃尔姆赫斯特（Leonard Elmhirst），中文名叫恩厚之，曾担任泰戈尔的秘书，与徐志摩联络安排 1924 年泰戈尔访华。1925 年，恩厚之与美国惠特尼家族的女继承人多萝西·佩恩·惠特尼（Dorothy Payne Whitney）结婚，用后者继承的部分遗产买下了位于托特尼斯的达廷顿庄园（Dartington Hall），两人在此定居，开始了影响深远的进步教育和乡村建设计划"达廷顿实验"。

后来我才读到邱志杰关于恩、宋通信的文章："1935 年，恩厚之给宋美龄写信，邀请她到美丽的达廷顿来看一看，要探讨在中国推行乡村建设的可能性。"[1]

在那个时代，由梁漱溟和晏阳初等知识分子发起、致力于社会改良的中国乡村建设运动其实已经在如火如荼地展开，但随着抗日战争的爆发，很快就被更危急的"救亡运动"所打断。

在恩厚之和多萝西去世后，"达廷顿实验"的精神遗产继续发酵，1991 年，在英籍印度学者和社会行动者萨提斯·库玛（Satish Kumar）的倡议下，达廷顿堂信托基金又创办了一所绿色大学舒马赫学院，以倡导可持续发展的经济学家 E. F. 舒马赫（Ernst Friedrich Schumacher）的

1　邱志杰，《让乡村重新出现在我们的视野中》，《艺术世界》，2011 年 11 月第 258 期。

姓来命名。而在中国，民国乡村建设的精神遗产由温铁军等人接续，在 2003 年开始衍为立足当代的新乡村建设。2010 年起，库玛和温铁军开始频繁地互访，舒马赫学院与西南大学中国乡村建设学院合作开发课程，陆续也有中国学生前往舒马赫学院求学。恩厚之当年想要拓展与中国合作的梦想，在新一代环保行动者和乡建人的努力下得以实现。这正是我想到托特尼斯一探究竟的主要原因。

达廷顿堂

由于要在当天赶回伦敦，时间非常有限，我没有与当地联络，而决定“私访”。托特尼斯火车站非常小，我是下车的唯一旅客。这里用不了任何打车软件，我拦了一辆的士，司机表示无法用信用卡付款，我才发现自己陷入了习惯性不带现金产生的困境。好不容易等到另一辆可用信用卡的车，考虑到回程所需，我想约这个司机到时来接我回火车站，他却推说下午要接小孩走不开，最后他同意我用信用卡多付他一些钱，车资之外的部分他用英镑返还给我。否则，在这个路上没几个行人的小地方，我可能还会因没有现金而找不到车。

根据《每日电讯报》2007 年的一篇报道，托特尼斯人口只有 9000 人，却曾被美国《时代周刊》称为“新世纪运动”

的首都。恩厚之和多萝西的“达廷顿实验”对托特尼斯的影响不容小觑，他们的到来把这个颓败的小地方带出了困境，在20世纪60年代，达廷顿的嬉皮学生是当地社区生活的景观之一，到了朋克时代，这里仍保留着波希米亚的生活风格，而在20世纪80年代，“新世纪优皮”和环保主义者（他们又被称为“抱树者”，Tree-huggers）接管了这里的公共事务。2006年，托特尼斯成立了自己的非营利组织“托特尼斯城镇转型协会”，致力于把托特尼斯引向一个低能耗的互助社区的未来。他们甚至发行了地方货币“托特尼斯镑”，试行互助的社区经济。[1] 这里虽然也欢迎旅游者，但在去往达廷顿庄园的路上，我根本看不见任何外来人。

沿途都是典型的英格兰西南部乡村的树林和田野，约十分钟后，静谧的乡间公路把我带上一个靠近达廷顿庄园外院，山坡上的“绿桌咖啡厅”。庄园的入口是一幢老房子下面的一个穹形门道，右边是访客中心，左边是由包豪斯创办人瓦尔特·格罗佩斯（Walter Gropius）根据14世纪的老谷仓改成的电影院。时间正好是中午，值班人员外出吃饭去了，我只好决定自己逛逛。

---

1 Adam Edwards, “Property in Totnes: Wizards of the Wacky West,” *The Telegraph*, 10 Nov, 2007. https://www.telegraph.co.uk/finance/property/3359800/Property-in-Totnes-Wizards-of-the-wacky-West.html

穿过穹形通道往南，可以看见一棵年代久远的沼泽柏，它粗壮的树干要四人才能合抱，参天的树枝下，展开一个植满草坪的椭圆形内院，被老建筑围合。向前走就是庄园的灵魂建筑达廷顿堂。庄严的门楼下开着一个适合人进入的小穹门，上面层叠着两个小窗，再往上是瞭望塔，居中装着一个古老的大钟。右侧并立着四个两层楼高的穹形大窗，把内院的阳光悉数吸纳入礼堂中。礼堂原来的功能是宴会厅，内部尺寸为 69 英尺乘 38 英尺，西侧墙上有一个长 17 英尺的大壁炉，迥异于一般礼堂把暖炉置于地板中央的设计。屋顶用的是著名的中世纪英式锤梁结构（hammerbeam roof，一种悬臂托梁），两层对称的弧形支撑木构成了漂亮的玫瑰花瓣形状。据说这个屋顶复原了英国最早的一批锤梁结构，比威斯敏斯特堂还要早。

恩厚之和多萝西接手的时候，这里已荒废了一百多年。早在 1813 年，达廷顿堂的屋顶就已经坍塌，地板暴露在阳光和风雨之中，被杂草覆盖，常春藤爬满了窗户。庄园的历史可以追溯到一千多年前，它最早见于书面记录是在公元 833 年的“皇家宪章”；在 9 世纪，它属于一个撒克逊女士比奥格威恩；在 12 至 14 世纪它属于罗伯特·马丁及其后嗣；在 14 世纪初它短暂地属于奥德利勋爵；在 1348 年，庄园的产权又回到了皇室。1384 年，理查德二世将其授予他的同母异父兄弟约翰·霍兰（John

Holland），亦即后来的亨廷顿伯爵和埃克塞特公爵，现存的大部分建筑都是这个时期建造的。1559 年，庄园过手给钱伯瑙恩家族，在他们手上持有近四百年，直到 19 世纪的农业萧条几乎夺走了他们的生计，他们迫不得已才在 20 世纪初开始出售他们的大部分土地，最后剩下的 800 多英亩连同所有建筑在 1925 年被恩厚之和多萝西买下，此后产权就再没有变动。[1]

恩厚之和多萝西选中这里正是因为它久远的历史传承。所以“达廷顿实验”的第一项内容首先是修复庄园的历史建筑。他们邀请了当时英国最著名的中世纪建筑专家之一威廉·魏尔（William Weir）来主持修复计划。当时的上任房主不让新来者看任何旧图纸，魏尔根据 1813 年的废墟上残留的锤梁痕迹，建议重建一个与威斯敏斯特堂或牛津新学院类似的锤梁屋顶。[2] 1931 年魏尔修缮完工的达廷顿堂屋顶是一次忠实的重建，它没有威斯敏斯特堂那种宫殿式的富丽堂皇，而是保留了乡村建筑的尺度和朴素的风格，全部使用庄园自产的橡木和本地的工匠。

魏尔曾经活跃在古建筑保护协会，这个协会成立于

---

1 Michael Young, *The Elmhirsts of Dartington*, Routledge & Kegan Paul, 1982; Dartington Hall Trust, 1996. 本文使用后一版本，参见第 3 至 4 页。以及 *Short Guide to the Buildings & Architecture of Dartington Hall*，达廷顿堂信托基金印刷发行的宣传页。

2 Michael Young, *The Elmhirsts of Dartington*, pp. 112—113.

1877年，致力于反对当时流行的对古建筑的破坏性“修复”，主张古建筑应根据考据的历史进行修补（repaired），而不是想当然地进行添加性的“修复”（restored）。在维多利亚时代的英国，这样的历史保护原则已经彰显出其前瞻性，它一直被后世广泛推崇和执行（协会直至今天也仍在运作）。魏尔在达廷顿的历史保护实践，不仅包括了达廷顿堂这幢英格兰西南部最大的中世纪建筑，还包括了今天它左边的白鹿餐厅（原是霍兰家族的厨房，因理查德二世的白鹿玫瑰纹章而得名）和右边的恩氏中心（原霍兰家族及恩厚之夫妇的起居室）。庭院东翼和西翼的二层联排住宅（原霍兰家族的客房和仆人房，共有48个房间，现都用作对外营业的客房）则由另一位熟悉中世纪建筑的工匠负责，所有修复均最大限度地尊重历史真实样貌。

花园与庄园

绕过白鹿餐厅往南，行经修剪整齐的方形树篱和几棵樱桃树，就进入了面积巨大的达廷顿堂花园。树篱遮挡着紧连达廷顿堂的一块私用草坪，上面保存了一堵都铎王朝早期的穹窗断墙。这块草坪在伊丽莎白时代（1558—1603年）曾被用作保龄球绿地，花园的首任设计师亨利·艾伏雷·蒂平（Henry Avray Tipping）在1928年提出把它的地面填高，变成屋前露台，又在露台南边三米高的石墙下划出一条无树木遮挡的“阳光边界”。紧挨着“阳光边界”，是 12 棵排成一行的爱尔兰红豆杉，它们被称作“十二使徒”，1830 年所植，每五年修剪一次。再往南，则是霍兰时代的骑士演武场，周围都是英国梧桐和六百年树龄的西班牙栗子树，蒂平把它改造成下沉式的露天剧场，观众席就是环绕的倾斜土梯。因为不适应当地气候，这一功能在 1954 年被取消，今天成了一片绿草满眼、令人陶醉的人造地景。

演武场的东南端高地上，安放了亨利·摩尔（Henry Moore）的雕塑，一个斜躺着的女人体，丰腴优雅，线条流畅，背向着达廷顿堂的方向。这是恩厚之 1945 年委托他创作的，摩尔亲自选定了它的位置。在这块小高地上，花园的第三任设计师柏西·卡恩（Percy Cane）在 1947 年铺设了 71 级的“玉兰阶”，从这拾级而下可以走向演武场以东的大草坪和谷地。卡恩非常强调在花园中登高远眺的体验，他把不同的制高点定义为“远景点”，并进行了相应的设计，例如在玉兰阶的高处设计了半月形的石头座椅，名曰“低语角”，人们在此可远望东北方向的田园景致。演武场西侧还有一段阶梯，通往高处的天鹅喷泉，卡恩 1950 年在这里设计了“杜鹃花谷”，种植了杜鹃花，还有刺柏和槭树等观赏性树木。

花园中的艺术品并没有很强的规划性，而更像是一时兴起、随意而为的布置。花园西南部的高草地树着一尊春天女神佛洛拉的全身雕像，她是一位保护生育和花果的罗马神灵，是山下的本地社区为了表达对恩厚之和多萝西的敬意，在 1967 年捐建给他们的。多萝西 1968 年去世，她的骨灰被埋葬在这里；恩厚之 1974 年去世，他的骨灰在此与多萝西合葬。

最早居住在这里的主人也许想不到，一千多年后，在恩厚之和多萝西以及他们的信托基金的建设和维护下，这个花园已经成为 20 世纪花园设计的典范和备受关注、呵护的历史遗产，1980 年成立的英国历史建筑及古迹保护协会将它的历史价值评估为二级半，比二级高，仅次于最高的一级（达廷顿堂建筑本身被评估为一级）。

因为多萝西继承的雄厚家族财富以及她和恩厚之广泛的人脉，为花园工作的都是当时景观和园艺设计的名家。他们尊重植物多样性的原则，对花园的古植物进行养护并引入新物种，清除过度生长造成的混乱，防止虫害和水土流失，规划四季植物的色彩分布和搭配，设计花园的空间结构和布局，建造新的设施以满足实用功能，用步道、阶梯来连接不同的景观，使整个花园摆脱了维多利亚时代严肃拘谨的几何风格，展现了丰盛的植物世界，优美的地貌形状和曲线。

在多萝西和恩厚之去世之后，达廷顿堂信托基金还在 1985 年邀请丹麦景观建筑师普雷本·雅各布森（Preben Jakobsen），在 1992 年邀请英国女建筑师乔吉·沃尔顿（Georgie Wolton）[1] 来参与花园的进一步设计。2017 年，信托基金委托英国花园和景观设计师丹·皮尔逊（Dan Pearson）为花园提供新的整体规划。这个新规划希望能平衡本地社区的需求，创造更多可供人们休息、独处、学习、娱乐和游玩的功能。因为自 20 世纪 70 年代末 80 年代初，一种争议的声音就已经开始出现，有人认为花园不应只是恩厚之和多萝西的静态纪念碑，而应是一个惠及周边社区的鲜活的花园，而近几年，信托基金与公众日益紧张的关系更有待缓解。

时间不知不觉已经到了下午两点半。从老圣玛丽教堂塔楼往北走，经过达廷顿堂西翼住宅区成排的老烟囱、一座小小的日式花园、一个艺术家工作室和一间印刷装订店，我又回到了“绿桌咖啡厅”。花半个小时试了它的新鲜沙拉和托特尼斯本地精酿厂牌“新狮”酿制的 Pandit IPA 后（India Pale Ale，翻译为印度淡色艾尔啤酒，可见此地与印度文化的联系匪浅，Pandit 是梵语“智者”的意思），我决

1　乔吉曾在 1963 年与诺曼·福斯特（Norman Foster）、理查德·罗杰斯（Richard Rogers）等人合组建筑事务所，被称为前扎哈时代的杰出女建筑师。

定沿着东边的机动车道徒步去探索一下更为广阔的庄园属地，那地图上标注的绿色草甸和树林。

后来我发觉这是一个错误的决定，因为低估了它的路程，我走到一半虽然加快了脚步，仍耗去两个多小时的时间，而这仅仅只是绕了整个庄园的四分之一周而已。如果时间充裕，这样的步行真是心旷神怡。沿路地形起伏有致，近看古木参天，树叶摇曳生姿；远眺碧草连天，白云垂首静默。特别是从山坡上走下来，靠近达特河（Dart River）的时候，你的目光可以越过岸边石墙厚厚的苔藓，窥见茂盛密集的绿树枝叶紧贴着河面，仿佛在对水呢喃。

走到庄园东南端的出口，已经可以望见不远处的托特尼斯火车站（可见庄园占地多大）。我从南边的野路朝西往回走，到达达廷顿商店，这是信托基金运营的社区经济体，有多家不同类别的店铺，顾客很少，我无暇细看，附近的舒马赫学院也来不及看，匆匆向北走上机动车道。回到“绿桌咖啡厅”已经是下午五点多，正好够我到访客中心让工作人员帮忙叫辆出租车，买几本书，然后到托特尼斯火车站赶六点半左右回伦敦的火车。

恩厚之和多萝西的故事

我在访客中心买的书中有一本迈克尔·杨（Michael

Young）写的《达廷顿的埃尔姆赫斯特夫妇：一个乌托邦社区的诞生》（*Elmhirsts of Dartington: The Creation of an Utopian Community*），1982年由劳特里奇与凯根·保罗（Routledge & Kegan Paul）出版，1996年由达廷顿堂信托基金再版。迈克尔是个社会学家、社会行动者和政治家，20世纪40年代英国工党的"大脑"，也是1929年入学的达廷顿堂学校的学生，后来参与它的管理。这本书可以说是关于恩厚之夫妇和"达廷顿实验"最忠实详尽的传记。

多萝西生于1887年，恩厚之生于1893年，比她小六岁。作为一个约克郡地主士绅家庭的次子，恩厚之自小在寄宿学校雷普顿上学，1912年按父亲的意愿到剑桥大学三一学院读历史和神学。1914年第一次世界大战爆发，他因为身体原因免于入伍。1915年他从剑桥毕业后决定参加基督教青年会的海外服务，志愿到印度农村去工作，这对他的人生产生了深远的影响。1919年他决定放弃将来的神职工作，到美国康奈尔大学去学习农业。1920年，身为康奈尔外国学生俱乐部主席的他，因为要筹款还清俱乐部的债务而认识丧夫不久的多萝西，经过五年的苦苦追求，终于在1925年与多萝西结婚，并说服她到英国去一起开始"达廷顿实验"。

多萝西出生于华盛顿特区，父亲威廉·科林斯·惠特尼（William Collins Whitney）当时是总统格罗弗·克里夫兰（Grover Cleveland）执政期间的美国海军部长，后来成为巨富。她就读于曼哈顿的沙潘女校，17 岁时父亲去世，她继承了 1400 万美元，[1] 成为 20 世纪初美国最富有的女性之一。她不仅热爱文学和诗歌，更投身妇女工会联盟和青少年联盟的领导工作，并在纽约创办了《新共和》杂志和新社会研究学院。

多萝西从少女时代就开始到处旅行，在她 17 岁至 22 岁的五年间，有一半的时间都在美国之外度过。父母去世后，她与哥哥哈里（Harry Payne Whitney）和嫂子格特鲁德·范德比尔特·惠特尼（Gertrude Vanderbilt Whitney）[2] 一起居住，在他们的劝说下进入"婚姻市场"，迅即成为宠儿。据记录，在 1909 年 1 月 6 日之后的 50 天中，她参加的晚宴派对有 40 场，在外午餐 44 次，被 50 个年轻男性邀请喝茶。[3] 在这一年，她对英俊迷人的威拉德·迪克曼·斯特雷特（Willard Dickerman Straight）产生了好感。

威拉德毕业于康奈尔大学建筑系，不仅相貌堂堂，而且多才多艺，在美国上流社会中是个万人迷，曾与铁路大亨 E. H. 哈里曼（E. H. Harriman）和后来的总统罗斯福的

1 Michael Young, *The Elmhirsts of Dartington*, p. 41.

2 格特鲁德在 1931 年创办了纽约惠特尼美术馆。

3 Michael Young, *The Elmhirsts of Dartington*, p. 48.

女儿谈婚论嫁。多萝西 1906 年在哈里曼的家庭晚宴第一次见他，三年后又在白宫的舞会上重见，他激起了她前往中国旅行的兴趣。1909 年冬，他们在北京玉泉山度过了难忘的时光，开始互生情愫，但多萝西一直未答应他的求爱，直到 1911 年，他的名字见诸欧洲和美国的报端，她才同意在日内瓦成婚。蜜月旅行后他们再次回到中国，但一到北京就碰上了辛亥革命的爆发，新成立的袁世凯内阁也摇摇欲坠，在 1912 年 3 月一次北京街头的兵变暴乱中，他们赶往美国使馆避难，最后得以安全返回美国。

1914 年，威拉德参与了《新共和》杂志的创办，它以政治和艺术评论为内容，倾向于左派和自由派，鼓吹进步主义，至今虽然几经易手，仍在继续出版。在第一次世界大战末期，威拉德在法国为美军服役，死于 1918 年的大流感，年仅 38 岁。多萝西按他的遗愿，继续为康奈尔大学提供慈善支持，准备在那里捐建一座以威拉德命名的学生会大楼，这导致了她与恩厚之的相遇。

在迈克尔的书中，此后再没看到多萝西到过中国，也许这也是她一生中唯一一次与中国发生联系。她的第二任丈夫恩厚之在中国则因与徐志摩等知识精英的交游而广为人知。

恩厚之第一次见多萝西是在 1920 年的纽约殖民地俱乐部。恩厚之在找遍了康奈尔校友无果之后，把多萝西看作给他捐款的最后希望。他在殖民地俱乐部等了两天都见不成多萝西，直到第三天。为了表示歉意，她到康奈尔回访了恩厚之。她被恩厚之在校园里挤牛奶和捡拾苹果的劳动场面感动了，给他写信说，关于捐款，她决定帮忙。

但恩厚之一直等到 1921 年都没有进一步的消息。这一年，他在康奈尔第一次见到泰戈尔，这位 1913 年的诺贝尔文学奖获得者正准备在印度西孟加拉邦附近、他的家族属地圣迪尼克坦（Santiniketan）发起一个乡村建设计划，来到美国寻找支持。恩厚之在印度做志愿工作时已饱读泰戈尔的作品，但很惊讶泰戈尔也知道他。原来，当初在印度建议他来康奈尔读农业的森姆·希金博特姆（Sam Higginbottom）[1]，已提前建议泰戈尔找恩厚之当秘书。泰戈尔显得很急切，但没有提到他的农村计划里关于钱的事。恩厚之还未完成康奈尔的学业，不能马上答应泰戈尔，他觉得必须和多萝西谈谈。于是他不再等待，未经预约直接到多萝西位于纽约第五大道的豪宅求见。多萝西说，泰戈尔也来见她了，她对此事感兴趣。

接下来事情的发展出乎他的意料。多萝西两次邀请他到她的长岛庄园度周末。此时他已身无分文，但还是悉心

1 森姆是英国人，曾在美国学农业，是基督教青年会在印度的负责人之一，后来在印度创办美国农业学会，恩厚之曾任他的秘书。

把自己打扮得符合他英国乡村绅士的出身。他陪多萝西打网球，教她的园艺师如何给禽舍通风、给动物选种，还陪她的孩子玩斗苹果和摸鸟窝的游戏。他们接通了彼此的磁场，开始了一种更亲密的关系。恩厚之感觉到自己已坠入了爱河，他在分开后的通信中表达了求婚的意思，但她对此反应迟疑。这种无法确定的关系成了他的心病，让他难以回应泰戈尔在印度的召唤。

对恩厚之来说，泰戈尔和多萝西的魅力一样大，但多萝西并没有太多地被诗人感染。在 1921 年给恩厚之的一封信中，她说："泰戈尔在美国的时候，我见了他两三次，但对我个人来说是漫不经心的，我让他离去，并没真的为他做什么，这让我一直心慌慌的……你可不可以让我把本应交给他的资助交给你？……这样做对我来说更有趣也更令我满意。"[1] 泰戈尔没有说服她，她不喜欢他杂乱的思想还有做作的着装和表演。她把资助交给恩厚之另有原因，正如她要考验威拉德在中国的工作一样，她也希望恩厚之能去印度经受类似的考验。这一年，恩厚之只好去了印度。

1922 年，恩厚之用多萝西的钱为泰戈尔在成立了乡村建设学院（Institute of Rural Reconstruction，中文"乡村建设"相应的英文表达最早可能源自这里）；这一年他进

1 Michael Young, *The Elmhirsts of Dartington*, pp. 75—76.

一步向她求婚，她不仅拒绝了，还指派了一个女孩子来印度陪伴他并做他的妻子。恩厚之没有接受这样的安排，他一直为多萝西保持着童贞。1923—1925 年，他多次随泰戈尔周游世界，到欧洲、亚洲和南美洲演讲，在这期间，他再次向多萝西提出结婚的要求，并建议在婚后和他一起到英国去，用印度的经验在那里开始一个新的实验。多萝西被说服了。

恩厚之虽然不像威拉德那样才华横溢，但也英俊潇洒，能量充沛，特别是经过三年和泰戈尔一起工作的历练，变得成熟而有魅力。他通过了多萝西的考验。恩厚之在印度期间，多萝西因长时间生病，在美国的工作和社交大大减少，这让她觉得美国并非缺她不可，并且，作为一个热心社会改革的女性，她对即将在英国展开的实验非常动心。1925 年，在恩厚之听从泰戈尔的建议选定了达廷顿庄园作为他们将来的定居和实验地之后，他们在英国举行了婚礼。

恩厚之在印度

“达廷顿实验”完全可以说是恩厚之印度经验的产物，也可以说是他和泰戈尔的乡村建设实验的英国版。他们两人都出生于地主家庭，少年时代都有乡村生活的经历，都憎恨常规的寄宿学校，不同的是，泰戈尔是文学天才，而恩厚之则是康奈尔培养出来的农艺师。泰戈尔需要恩厚之在农业上的助力。

泰戈尔的祖父被称为印度的洛克菲勒，曾资助了印度第一个现代教育中心印度学院（Hindu College），他的父亲被称为圣人和智者，经常没空管他，但有时去喜马拉雅山打坐冥想时会带上他，途中他们经常到家族属地圣迪尼克坦逗留，这里令泰戈尔喜欢，并成为他日后从事乡村建设的根据地。1878 年他到伦敦大学学院就读，1913 年因《吉檀枷利》获诺贝尔文学奖，当时有 500 多个加尔各答的市民乘火车到圣迪尼克坦向他表示祝贺。

恩厚之作为基督教青年会的志愿者第一次来到印度时，正值第一次世界大战期间。当时甘地号召印度人参加英印陆军，积极投身大战，以表现对英国的忠诚，促使英国同意印度独立。在 1916 年的一封家书中，恩厚之写道："这里的总体气氛很恐怖，男人像动物一样在地上行走，除了下一餐、下一个妓女或下一瓶啤酒，什么都不关心。"[1] 印度人为大战付出了很大的代价，但战后英国并没有回应印度人的独立要求，反而在 1919 年的阿姆利则惨案中杀害了 300 多个和平请愿的印度人。

---

1 Michael Young, *The Elmhirsts of Dartington*, p. 26.

1921年，就在恩厚之第二次来印度前不久，甘地到泰戈尔在加尔各答的家中造访，希望争取他对印度独立运动的支持。但泰戈尔比较认同英国，他早期曾反对民族分裂，也对阿姆利则惨案表达极端愤怒，但后期与甘地领导的独立运动渐行渐远。也正是这种态度，才使恩厚之这个英国人到印度来与他一起工作成为可能。

1901年泰戈尔就在圣迪尼克坦创办了一个针对富裕家庭孩子的寄宿学校，1921年又创办了旨在推动印度及东方文化教育和研究的成人学校维斯瓦巴拉蒂（Visva-Bharati，意为世界与印度的交流，后来变成印度国际大学）。恩厚之来后的第二年，他在离圣迪尼克坦两三英里远的苏鲁村（Surul）外选了一块地做农场，给它起名斯力尼克坦（Sriniketan），意思是“恩典之所”，在这里成立了乡村建设学院，由恩厚之当院长。泰戈尔没什么钱，恩厚之全靠多萝西的资助。即使在恩厚之1923年卸任院长一职、开始陪同泰戈尔进行国际旅行后，多萝西对斯力尼克坦的资助也没停止，直到1947年印度独立。

1921年，苏鲁村是印度农村衰败的典型之一。迈克尔写道：“曾被照管得很好的灌溉水利设施荒废了，供应村子用水的蓄水池年久失修；混合作物曾经使农业有很好的可持续发展，但改种单一经济作物使土壤的质量大大下降；木柴本来可取自公有的牧地和森林，但现在这些牧地和森林已不存在；曾经自由奔流的河水现在已经淤塞；曾经繁荣的手工业被更有竞争力的英国工业化产品所破坏；曾经丰富的文化生活也变得支离破碎。”[1]与甘地的纺车运动不同，泰戈尔要靠恩厚之这个英国人来振兴这里的农村。

恩厚之从圣迪尼克坦带来了八个年轻人，他用自己在康奈尔习得的农业技术训练他们，再让村民跟他们学习。他身先士卒，每天亲自倒便桶培植土壤的肥力，改变这些年轻人靠清洁工代劳的习惯。他们一起打井，建新的水塔，开设防虫的米店和合作社商店，并举办每周一次的集市。他们给农地围篱和排水，种更多的蔬菜，养家禽和黄牛，制作乳制品来改善饮食，还发展农村手工业。1924 年，泰戈尔又决定在圣迪尼克坦创办一所针对平民子弟的新学校，起名斯克沙沙查（Siksha Satra），意思是“教学之地”。他原来创办的寄宿学校和成人学校偏重人文和艺术教育，现在有了恩厚之卓有成效的助力，他想要发起更激进的教育实验。1927 年，这个新学校迁到了斯力尼克坦。

斯克沙沙查把农场、花园、工坊、游乐场和树林视作课堂，把大自然视作书本，激发青少年的兴趣和潜能，让他们在动手中学习，在生活中探索和成长，而不仅仅是为他们将来进入成人社会准备所需的所谓知识和规则。这个

1 Michael Young, *The Elmhirsts of Dartington*, p. 80.

实验在印度产生了巨大的影响。几年后甘地曾到访这里，留下了非常深刻的印象，决定把斯克沙沙查列为全印度教育改革的样板。泰戈尔开玩笑地志愿担任了教育部长，他在斯克沙沙查的一位下属也入职政府，帮助他把斯克沙沙查的实践提升为印度的基本教育制度。它的影响后来波及整个南亚次大陆，并成为恩厚之在英国开始“达廷顿实验”核心思想的来源。

非常有意思的是，恩厚之的经历和中国平民教育、乡村建设运动的领袖人物晏阳初有许多相似之处。两人在同一年出生，都在少年时代成了基督徒，都曾在美国求学（晏阳初在耶鲁和普林斯顿），都因第一次世界大战而参加海外志愿工作（恩厚之在印度，属于英国基督教青年会；晏阳初在法国，属于北美基督教青年会），后来都投身于平民教育和乡村建设，也都依靠来自美国的资助。恩厚之在印度和泰戈尔的工作与晏阳初在中华平民教育促进会的工作非常相似，他们都创办了乡村建设学院，使用相同的英文名称，晏阳初 1956 年还在菲律宾创办了国际乡村建设学院，他的筹款能力比恩厚之更惊人，1934 年至 1939 年间，他从洛克菲勒基金会共募得 150 万美元的资助；1945 年，他游说杜鲁门总统和美国国会通过了一条名为“晏阳初条款”的法案，规定“在 4 亿 2 千万对华经援总额中须拨付不少于 5%、不多于 10% 的额度，用于中国农村的建设与复兴”。

虽然两人的经历十分相似，但我找不到他们两人人生出现交集的任何记录。1924 年，恩厚之陪同泰戈尔访华，在徐志摩的联络安排下，他们去太原见了阎锡山。阎锡山自 1917 年开始在山西推行村治实验，以水利、种树、蚕桑、禁烟、断辫、天足“六政”和种棉、造林、牲畜“三事”来振兴农村和农业，使山西成为当时的模范省。泰戈尔想把他在斯力尼克坦的事业扩展到中国，阎锡山当即同意把晋祠一带划给他作实验基地。泰戈尔让恩厚之留在山西半年，做进一步的考察。

这一年，晏阳初任总干事的中华平民教育促进会已经成立并运作了一年，在全国各地展开声势浩大的扫盲识字运动，但他的定县实验要到 1926 年才开始，而梁漱溟的邹平实验更晚，于 1931 年开始。在山西的半年，恩厚之并没有与这两位中国最负盛名的乡村建设者发生联系，他联络中国的路径只通过徐志摩。在 1931 年徐因飞机失事身亡后，山西的事情也就没了下文。到 1937 年中日战事一起，他对山西和中国的惦记就再没希望实现。

学校

在发起“达廷顿实验”时，恩厚之最重要的构想是创办一所新学校。他之所以喜欢斯克沙沙查，是因为他在雷普顿的痛苦经验。雷普顿要求穿讲究的校服，要学拉丁文和希腊文，竞争过于激烈，男女要隔离，实行体罚，强迫宗教信仰，还有不经大脑的沙文主义和自以为是的阶级意识。因此他和多萝西要创办的新学校将革除所有这些弊端。但他们的学校肯定不是印度式的平民学校，因为多萝西的三个孩子也要在这里就读，而英国的情况也与印度不同，它的农村没有印度式的赤贫。恩厚之念念不忘雷普顿没有为学生们提供独立卧室，他的新学校要跟伊顿那样，让学生们有自己的隐私。

在他们公布的关于新学校的计划书中，列明了四条原则：课程应根据孩子们自己的兴趣去设计；在“做”中学（Leaning by Doing）；成人应成为孩子们的朋友，而不是权威人物；学校是一个自治的社区。这基本上就是一份进步教育的宣言，受杜威的影响非常明显。他们不知道的是，在他们来到达廷顿前，英国已经有不少进步教育的实践。自 19 世纪末以来，不少左派知识分子已经对英国的正统教育提出尖锐批评，并办了二十多所实行进步教育的学校。

1883 年，哲学家托马斯·戴维森（Thomas Davidson）和一群诗人、小说家、性科学家、女性主义者、动物权利行动者发起了“新生活团契”（Fellowship of New Life），他们受到梭罗、爱默生和托尔斯泰的影响（这是 19 世纪末知识精英共享的思想资源，甘地在英国留学时也从中汲取养分，他1910年曾在南非成立了合作自治的托尔斯泰农场），决定践行和平主义、素食主义和简单生活，通过体力劳动、自给自足、建立信仰社区和新学校来净化人心和改良社会。

1884年，从“新生活团契”派生出一个社会主义政治团体费边社（Fabian Society），它的成员可以说是群星云集，包括1925年诺贝尔文学奖获得者萧伯纳、社会心理学家格雷厄姆·华莱斯（Graham Wallas）、社会改革者韦伯夫妇（Sidney and Beatrice Webb）（这四个人在1895年联合创办了伦敦政治经济学院），以及后来的工党党魁和英国首相克莱曼·艾德礼（Clement Attlee）。罗素曾经一度也是费边社的成员，但后来退出了。费边社的社徽是一只披着羊皮的狼，寓意被隐藏起来的激进性，他们推崇古罗马名将费边渐进求胜的策略，主张通过温和、非暴力的改良，达致一个理想的福利社会。

不同于马克思以工人阶级为革命主体的理论，费边社的社会主义代表了知识精英和中产阶级的政治理想。乔治·奥威尔曾把费边社的追随者讥讽为“胡子和罗马鞋党”，因为他们的成员中男的爱留胡子、女的爱穿罗马鞋来显示与众不同，他们还爱穿伊莎多拉·邓肯（Isadora Duncan）式的宽松衣服，爱骑自行车，家里摆着简单但昂贵的家具和陶器，热爱一切民间手工艺和歌谣，壁炉上摆着莫里斯的书。在深入调查了英国北部煤炭工人残酷的生存状况后，奥威尔在《奥威尔自述：通往威根码头之路》一书中认为这样的“胡子和罗马鞋党”会葬送掉真正的社会主义。[1]有人猜测，《一九八四》的书名可能也与费边社有关，因为1984年将是费边社成立一百周年。

恩厚之在剑桥大学时就读过华莱斯的《伟大的社会》，形成了他朦胧的社会主义思想。他从没读过《资本论》，但1915年在印度时，他批评曼彻斯特廉价的制造业摧毁了印度传统手工业的观点却与马克思主义颇为接近。他并不知道“新生活团契”的成员塞西尔·雷迪（Cecil Reddie）于1889年就在斯塔福德郡（Staffordshire）的乡间创办了一所进步教育学校阿博茨霍尔姆（Abbotsholme），而另一个社会主义者、莫里斯的拥趸约翰·哈登·巴德利（John Haden Badley）受阿博茨霍尔姆的启发，于1893年在汉普郡（Hampshire）的农村创办了另一个进步教育学校比黛尔（Bedales）。这两所学校今天仍在运营，比黛尔的学费甚至比伊顿和哈罗还贵，每学期高达11799英镑，而伊顿和哈罗分别是11095英镑11090英镑（2015—2016年）。

在计划书中，恩厚之把哥伦比亚波哥大和菲律宾的两

1 参见乔治·奥威尔，《奥威尔自述：通往威根码头之路》，辽宁人民出版社，2017年。

所学校列为楷模，前者他只是在与泰戈尔访问南美时听说过，后者则曾亲访，但这两所学校今天在网上都找不到任何信息。他去考察了美国宾夕法尼亚州的“乔治爸爸的青少年共和国”（创办于 1909 年），又去了它在英国多塞特郡的翻版“小共和国”，这两者都是针对“不良”少年再教育的学校，有自己的“法庭”和“监狱”，让学生模拟社会法律系统的运作。前者今天仍在运营，后者存在时间很短，因校长与女学生的丑闻而被关闭。多萝西比较认可罗德岛的林肯学校（创办于 1884 年，今天仍在运营），它是杜威指导下的一所私立女校。1921 年，多萝西还专门到自己的新社会研究学院去听过一次杜威的讲座。

在达廷顿，修缮老建筑、架设原本没有的水电系统，花费了他们一年多的时间。1926 年，他们到托特尼斯火车站接来了首批学生，共六个，正好和斯克沙沙查创立时的学生数目相同。达廷顿堂学校设置了花园、农场、林业、建筑和会计等十二个部门，教师大都来自剑桥大学和进步教育的大本营哥伦比亚大学教育学院，都有在美国生活、工作或学习的背景。关于一个英国人娶了美国的富有女继承人，并办了一所学校的消息开始在伦敦流传，很多人闻风而来，包括萧伯纳和著名左派记者布雷尔斯福德（H. N. Brailsford），申请入学的学生也开始逐年增加。

1931 年，他们请来比尔 · 柯里（Bill Curry）做校长，他曾在比黛尔任教四年，又在费城的橡巷乡村日校（也是一所杜威影响下的学校）任校长四年。在他就任的首个八年，学校声誉日隆，规模也开始扩张，学生的人数从 51 人增至 194 人，这还不包括那些在等待名单里的未成功申请者。诗人奥登曾一度想来任教。就连罗素，柯里的朋友和精神导师，也把他的两个孩子送来了。其中一个女儿凯特·罗素日后在一本回忆她父亲的书中写道："达廷顿是一所非常好的学校。我们有高度的自治和个人自由，无论在课堂内外，从没有无目的的行为，或要获得许可才可以行事。这里根据不同的年龄，有不同的固定规则来安排作息时间和零用钱等事情。最重要的是，学校依照一种启蒙的常识在运作。"[1]

她还提到，达廷顿还有一个优势是"有钱"。学校的创始理念虽然来自斯克沙沙查，但此时与当初已经非常不同，它越来越像阿博茨霍尔姆和比黛尔。事实上，正是奥威尔所说的"胡子和罗马鞋党"造就了进步教育的"市场"。恩厚之和多萝西创办这个学校并不是为了牟利，他们虽然带点儿乌托邦情结，但相当务实。他们既不是社会主义者也不是"胡子和罗马鞋党"，个人生活相当保守，不喜欢波西米亚的作风，但是他们无法阻挡这些人蜂拥而至，把他们

1 Michael Young, *The Elmhirsts of Dartington*, p. 173.

的孩子送来入读，让他们远离正统教育的折磨和扭曲。达廷顿不是斯克沙沙查的完全复制，它落地的土壤把它塑造成如今这个样子。

徐志摩是少有的很早就同时造访过达廷顿和苏鲁两个实验点的中国人之一。1928 年，他先去日本，接着去美国，再到英国访问在达廷顿的恩厚之，随后到印度去见泰戈尔，参观了圣迪尼克坦和苏鲁村。回来后他用英文给恩厚之写了一封信："拿苏鲁和达廷顿做比较，是一件有趣的事。两者都是你的杰作，两者都源于同一理想，其策划与进行又是由你亲手贯彻，可是我对两者的印象却大不相同。我以前说过，达廷顿是我所认识的通向人间乐园最快的捷径。大自然对达廷顿十分仁厚，而你用爱作为事业的推动力，结果就一定有超凡的成就。正像纯美的诗歌，其中毫无聒耳的噪音，但印度的土壤却完全不同，在这里，大自然苛刻寡情，绝不是一位丰饶多产的母亲。在这里，人若没有奋斗求生的决心，再加上知识的缺乏，就难以有希望苟延残喘。"

这位诗人只看到了英国和印度在地理和自然条件上的不同，实际上两个国家在政治地位和社会现实上的差异才是关键。英国是宗主国，也是最早开始工业化的国家；而印度是殖民地，是一个仍挣扎在贫困线上的农业社会。经历了国家工业化的英国农村，不再依赖农业生产，因人口向城市聚集而空心化，但保留了美丽的田园和世袭贵族属地的传统，因而成了城市中产阶级寄托乡愁和探索另类生活的诗意远方，在这里的乌托邦实验自然会使他们趋之若鹜；而印度的农村，不仅是英国工业产品的倾销地，还要竭尽自己的农业资源去供奉宗主国，在此双重的压榨下，虽人口众多，却要为争夺生存空间而疲于奔命，它的穷僻秃败也就可想而知。

所以，虽然用的都是多萝西的钱，都是恩厚之在执行运作，但在苏鲁可以收获圣徒般的道德优越，而在达廷顿则好像是有钱人在换一种方式生活，不小心造成了一种"市场"效应。达廷顿堂学校一直到 20 世纪 70 年代还在招生，他们甚至在意大利西西里岛短暂设立过分校，让学生帮助当地的农村建立理想化的社区。它今天为什么没有在达廷顿继续办下去不得而知。正如斯克沙沙查后来变成印度国际大学的一部分那样，达廷顿的教育事业也随时代而流变，尽管很多毕业生公开抗议抵制，它 1962 年成立的达廷顿艺术学院还是在 2008 年被归入法尔茅斯大学，并在 2010 年搬离了达廷顿。

又是一个乌托邦？

多年后，多萝西这样说起达廷顿："达廷顿的故事不只是我个人的故事。它是一部被伦纳德的想象力点燃、同时又包含了大家在其他很多方面共同付出的努力的编年史。最初，我们满怀信念，去接手当时急剧空心化的农村地区的一块老朽的土地，想让它变成一个活跃的、内容丰富的生活中心。我们从未想过只限于在达廷顿做经济实验，或仅专注于农场、林业和农村产业，从一开始我们设想的就比这些要多：它应是一个教育可以持续发展的地方，是一个艺术可以为生活添彩加分的地方。我们不仅要为在这里生活、工作的人们提供好的物质条件，更要照顾到他们的文化和社会交往的需要。在对美好生活的想象中，我们寄望善意和友好的人类价值能凝结社区，能衍生出高质量的生活和人际关系，能创造出远离恐惧和竞争的相对自由。”[1]

事实上，他们的美好初心在保守的英国农村遭遇了极大的挫折。在恩厚之的少年时代，这就是一个等级森严的社会，在教堂领圣餐时，地主、绅士及他们的妻儿永远排在农民、工匠和仆人之前，他的父亲经常要校正他，碰到农民时，他应被致敬（to be saluted）而不是致敬（not to salute）。在 20 世纪初，虽然男孩的额手礼和女孩的屈膝礼已经不再盛行，但阶级之间的界线仍然十分严明。[2]他

1 Michael Young, *The Elmhirsts of Dartington*, p. 4.

2 Michael Young, *The Elmhirsts of Dartington*, p. 15.

1915年在印度时，发现殖民地的阶级秩序也一样森严：英国官员被称为大人（Sahib），他们住大房子，有洗衣工（Dhobi）、园艺师（Mahli）和跑腿小哥（Chokra）围着服务。在斯力尼克坦的乡村建设学院，他因向路过的女孩子们弯腰行礼，被印度同事嘲笑。[1]在达廷顿，当地绅士们反对他们，因为他们采取男女同校，纵容集体沐浴，学生穿着随意，教师闹出婚外恋；牧师们反对他们，因为他们不上教堂；农民反对他们，因为他们改变了本地传统的农业生产方向。正如一切实验都会激起传统社会的逆反，他们饱尝阻力，花了相当长的时间来与当地社会磨合，最后才被接受。

在多萝西那里，"达廷顿实验"很少被表达为"乌托邦"，但恩厚之在1934年却坦承自己的"乌托邦"情结："又是一个乌托邦，你也许会说。是的，但它有所不同：经济和心理学已经为我们提供了一个测试工具，虽然还不完善，却是那些老乌托邦所不具备的，可以让我们从过去像罗伯特·欧文（Robert Owen）或杨百翰（Brigham Young）[2]那样的社会实验中走出来，并检验我们自己的探索。他们之所以失败，基本上都出于这些原因：漠视合理

1 Michael Young, *The Elmhirsts of Dartington*, pp. 25, 81.

2 杨百翰是美国摩门教教主，主张一夫多妻制，1847年建成盐湖城。

健全的经济，太过严格地追随道德或理论的原则，或者想要完全独立于围绕着他们的社会和经济世界。”[1]

恩厚之自觉地把“达廷顿实验”置于英国自16世纪莫尔的《乌托邦》以降，到17世纪温斯坦莱（Gerrard Winstanley）的掘地派运动，到19世纪欧文的空想社会主义实践，还有美国18、19世纪欧洲移民所创办的摩门（Mornon）、震派（Shaker）、阿米什（Amish）、哈特派（Hutterites）、爱玛那（Amana）等各种乌托邦社区的历史源流中，但清醒地意识到它们的缺憾，并以一种谨慎务实的态度来推行他和多萝西的新实验。他有在印度和泰戈尔一起工作的经验，但泰戈尔早已提醒他英国和印度的不同：“你正在忙着把斯力尼克坦翻译成英文吗？这两种语言是不同的，你的语言太丰富和成熟。……你有专家的帮助，这会让你的进步轻松快捷，但是——我不能接着说了，我不想让你觉得我在嫉妒你的新冒险。”[2] 正是因为有这样的警醒，恩厚之从一开始就小心调适他的“乌托邦”在英国落

---

1 Michael Young, *The Elmhirsts of Dartington*, p. 100.

2 转引自 Tessa Morris-Suzuki, “Beyond Utopia: New Villages and Living Politics in Modern Japan and across Frontiers,” *History Workshop Journal*, Issue 85, Spring 2018. 关于泰戈尔对恩厚之的“嫉妒”，迈克尔的书中确有提及，但不是针对“达廷顿实验”，而是发生在私生活领域：在泰戈尔和拉努·穆克姬（Ranu Mookerjee）以及阿根廷女诗人维多利亚·奥坎波（Victoria Ocampo）的两段暧昧关系中，年轻英俊的恩厚之都被两位女士用作挡箭牌。见该书88—89页。

地时的策略和步伐。

首先达廷顿不能成为一个孤立的社区，必须和当地发生联系。在1926年所写的计划中，恩厚之就提道："我们应优先考虑任何可以让我们的兴趣与当地社区产生联结的机会，以避免沦为自我中心化的机构的危险。"[1] 而与当地发生联系最有效的方式则是通过农场、林业和农村产业来振兴当地的经济，为当地人提供更多的工作机会。多萝西或把教育和艺术看作理想，但对恩厚之而言，农业经济是他在康奈尔学习的专业，也是能避免重蹈其他幻灭的老乌托邦覆辙的重要依靠。他成立公司，在附近购入更多的农地、林地和果园，生产乳制品和水果卖往伦敦和英国其他地方，开办了锯木厂、榨汁厂、家具作坊、织布作坊、陶艺作坊、玻璃厂和各种商店，提供加工服务，活跃当地的消费市场。在全盛时期，农地和生活驻地扩展到2000英亩，林地扩展到1200英亩，雇员达850人，而在此就读的学生达到600人，年度周转资金达1400万英镑。[2]

这种经济活动在实际操作中也曾与教育和艺术的非营利事业发生严重的矛盾，但由于多萝西的坚持，教育和艺术作为"达廷顿实验"的核心理想，即使一直在花钱也要

1 Michael Young, *The Elmhirsts of Dartington*, p. 322.

2 Michael Young, *The Elmhirsts of Dartington*, p. 4.

继续下去。她极力反对外面世界的竞争和残酷的工作方式，所以她要求达廷顿的生产经营一定要尊重人道。在这种要求下，达廷顿的经济活动有时会无所适从，不能达至外面世界的效率，曾经一度严重亏本，幸好二战时期的物资短缺帮助他们渡过了经营上的难关。在战争期间，恩厚之应印度政府之邀去帮助制定预防饥荒的农业计划需要经常出差，多萝西在达廷顿独自坐镇，参与了许多实务的决策。她的财富在战前已经做了分配：1925 年她大概有相当于当时价值 3500 万美元的总资产，到 1936 年，她已在达廷顿花了 800 万，在纽约维护她的两个家花了 800 万，扣除这 1600 万，她的财富按当时的价值仍有 4500 万。为了免税，经过她的纽约律师近一年的计算和工作，她的财富全部给了出去，包括给她的孩子及她在英美两国成立的各种基金，但给 1931 年成立的达廷顿堂信托基金只追加了 100 万。[1] 所以在某种程度上，她还是希望达廷顿的经济事业可以自力更生持续经营下去的。

多萝西喜欢文艺，少女时代就饱读亨利·詹姆斯、乔治·艾略特、巴尔扎克、托尔斯泰和哈代的书，更是莎士比亚的终生读者。在达廷顿，她把对文学的爱好延伸至戏剧、舞蹈、音乐、绘画、雕塑等更广泛的艺术范畴。

1 Michael Young, *The Elmhirsts of Dartington*, p. 299.

1928年她资助小剧场运动的先锋莫里斯·布朗（Maurice Brown）和爱伦·凡·伏肯堡（Ellen Van Volkenburg）制作了当时名不见经传的剧作家谢里夫（R. C. Sherriff）的剧本《旅程尽头》（*Journey's End*），此剧在伦敦公演大获成功；1929年达廷顿首次举办乡村戏剧节，她请爱伦用此剧赚的钱制作了约翰·弥尔顿的《酒神之假面舞会》（*Comus*），由本地村民和达廷顿的工作人员（包括恩厚之夫妇及他们的孩子）参演。1930年，她邀请了玛莎·葛兰姆（Martha Graham）的学生玛格丽特·巴尔（Margaret Barr）在达廷顿创办舞蹈哑剧学校，主要用业余舞者排演舞剧。1931年，因为女儿碧翠丝·斯特雷特（Beatrice Straight）[1]想跟随西雅图抽象表现主义艺术家马克·托比（Mark Tobey）学习绘画，多萝西邀请他来达廷顿任教。

在1934年，也就是纳粹上台后的次年，达廷顿收留了许多奥地利和德国的流亡艺术家，包括天鹅喷泉和小铜驴的作者威利·修克普，还有著名的芭蕾舞者柯特·尤斯（Kurt Jooss）及他的舞团。1935年，碧翠丝又把演员和导演迈克尔·契诃夫（Michael Chekhov，作家安东·契诃夫的侄子）从纽约介绍过来，在达廷顿设立工作室。一时达廷顿成了伦敦之外的一个文化艺术中心，各种演出、展览

1 碧翠丝后来成为美国著名演员，曾获奥斯卡最佳女配角奖。

多不胜举。为了应付这种接踵而来的盛况，在多萝西的主导下，达廷顿堂信托基金在 1934 年成立了艺术部门，1955 年这个部门变成达廷顿堂艺术中心，1962 年变成达廷顿艺术学院，涵盖了音乐（1974 年）、戏剧（1976 年）、艺术与设计（1976 年）和艺术与社会（1977 年）等专业和学位。教育和艺术是多数乌托邦实验都会涉足的两项内容，它们最后在达廷顿合而为一。在并入法尔茅斯大学之前，它的主体校区就设在“绿桌咖啡厅”以东那几幢由威廉·莱斯卡兹（William Lescaze）设计的现代主义建筑里，可惜我来不及去探访。

大牌艺术家和知名艺术团体的到来，使达廷顿失去了早期宝贵的业余色彩和草根参与，变得越来越专业和高蹈，但这无疑活跃了西南部乡村的文化生活。这其实非常符合恩厚之的城乡一体化思想，但他的主张与英国当时流行的花园城市理论取向恰好相反，花园城市是以城市为中心，把城市乡村化；而他则想以乡村为中心，把乡村城市化。工业革命之后的英国，城市人口在 19 世纪中期首次超过乡村人口，在 19 世纪晚期城市人口占总人口的四分之三，在“达廷顿实验”创始的 1925 年，城市人口已飙升至五分之四。但有意思的是，人口、财富和资源越向城市集中，人们越重视乡村的价值。离不开城市的便利和工作机会的人，总是梦想自己居住的城市能像个花园；只有恩厚之和多萝西这样有雄厚财力的人，才能真正以乡村为家，在这里建设便利的设施、带入高水准的物质生活和丰富的文化生活。他们不是反城市者，他们想同时吸纳城市和乡村的优势；他们也不是自闭的乡村隐士，他们所从事的社会实验目的是惠及旁人和造福当地。除了多萝西的财富背景，他们在达廷顿自力更生、反对竞争的所作所为，在某种程度上有点接近莫里斯在《乌有乡消息》（*News from Nowhere*）和克鲁泡特金在《田野、工厂和工场》（*Fields, Factories, and Workshops*）中对田园和农业生活的想象。

迈克尔在他的书中认为，达廷顿与历史上其他乌托邦社区的不同之处非常多："他们没有让集体动员取代个人的物质奖励，也没有以平均主义的形式分配产权，更不会用集体所有制取代私有制。……他们也没有用大规模的集体居住取代个人家庭，虽然自由性爱在达廷顿曾经存在，但他们并没有集体的性关系。他们在工作组织上没有取用民主制，没有授权成员自由选举他们的经理或在不同时期选择他们喜爱的工作。他们没有在集体生活中引入象征仪式，除非通过艺术。"[1] 达廷顿不像震派社区那样要跳集体摇摇舞并实行禁欲，也不像摩门教那样主张一夫多妻，更不像纽

1 Michael Young, *The Elmhirsts of Dartington*, p. 101.

约上州的奥内达（Oneida）社区那样实行群婚，他们没有实行财产公有制，而是用信托基金的慈善方式进行管理，他们曾在早期的学校中尝试过自治，但整个组织还是建立了行政层级。和历史上那些激进的乌托邦社区相比，达廷顿其实相当温和保守。

时代精神

在参与“达廷顿实验”的艺术家中，有一位后来被称为“英国工作室陶器之父”的陶艺家伯纳德·利奇（Bernard Leach），他和恩厚之相识于1925年，最初他担任恩厚之的陶器收藏顾问，后来在1932年至1940年到达廷顿主持陶艺部门并在学校任教。利奇出生于香港，幼年在日本度过，后回英国学习，1909年再次回到日本教铜版画，在那里他认识了热心把西方艺术引介到日本的白桦派作家武者小路实笃、志贺直哉和柳宗悦。1911年他在一次乐烧的聚会上开始对日本陶艺感兴趣，通过石井柏亭的介绍，拜第六代乾山宗师浦野繁吉为师学艺，并开始为《白桦》杂志撰稿，1913年更开始为杂志设计封面，成为白桦派唯一的英国成员。1915年他曾到北京居住，并取了一个中文名李奇闻，但很快又于次年回到日本。

第一次世界大战期间，武者小路实笃受到托尔斯泰的影响，开始酝酿他的新村主义思想。1914 年，柳宗悦因结婚搬到埼玉县的我孙子市（Abiko），武者小路实笃和志贺直哉随后在 1916 年也搬来这里，利奇追随他们，在柳宗悦的家中建了一个自己的乾山窑。“在这里他喜欢到邻居武者小路实笃的私人网球场和他打网球，并经常和他、柳宗悦等白桦派成员彻夜坐谈关于艺术、社会和人类生活的问题。”[1] 1918 年，战争结束后，武者小路实笃在宫崎县木城町成立了新村，践行他的平等主义乌托邦思想（因为受当地修水库的影响，新村 1939 年搬到埼玉县毛呂山町）。利奇 1919 年和滨田庄司相识，1920 年与河井宽次郎相识，并于这一年应邀回到英国，和滨田庄司一起在康沃尔郡（Cornwall）的一个小镇建了传统日式登窑，成立了“利奇陶器”，持续至今日仍在运作。

恩厚之曾提出把利奇陶器搬到达廷顿，但利奇只接受教职。在“达廷顿实验”创始的 1925 年，柳宗悦、滨田庄司和河井宽次郎在和歌山发明了“民艺”一词，拉开了堪与莫里斯的工艺美术运动比拟的日本民艺运动的序幕，柳宗悦自此脱离了早年白桦派的社会政治改良思想，投身于民间美学的实践。1952 年，利奇和柳宗悦、滨田庄司访问

1 Tessa Morris-Suzuki, “Beyond Utopia: New Villages and Living Politics in Modern Japan and across Frontiers,” *History Workshop Journal*, Issue 85, Spring 2018.

了达廷顿。在利奇的人生轨迹中，满满都是20世纪东西方追梦者的交集。

在这一世纪，爆发了两次世界大战，日本在经历了明治维新后全面崛起，中国结束了数千年的帝制，印度获得了独立，英国在工业革命后面临城市污染和农村空心化的严重问题。在这个纷乱繁杂的世代，出现了许多怀有共同理想、从事相似事业的人物，他们虽分散在不同的国家和地区，却共享了同样的思想资源和时代精神（Zeitgeist），涌现出令人目不暇接的交叉碰撞。武者小路实笃（他的新村主义后来影响了周作人等人）和柳宗悦在日本，甘地和泰戈尔在印度，恩厚之和利奇在英国，晏阳初和梁漱溟在中国……但他们共处于同一时代的苍穹下，他们的头顶是托尔斯泰、莫里斯和费边社，是因时代的剧变而形成的思想结晶。因为无远弗届的工业化影响，他们不约而同地到农村和民间社会去寻找济世的良方，他们的乌托邦努力响彻他们所属时代的云端。就连一生为情所困的徐志摩，也曾动念在浙江农村找一个地方来参与这场合唱。

当我站在达廷顿庄园的山坡，眺望远处托特尼斯的田园风光，我的脑海里还没装上这么多具体详细的故事。那里人迹稀少，只有风吹树叶的声音。我听不到云端合唱的回响，也想象不出这里曾经人声鼎沸的场景。后来在网上看到1948年和1969年达廷顿成立日庆典的纪录影片，一切才鲜活起来。达廷顿的档案记录非常丰富，达廷顿艺术学院的毕业生也有在网上分享老照片，这些和迈克尔的书一起，给人如同身临历史现场的印象。除了信托基金会因为经济困难而出售他们收藏的泰戈尔绘画引发争议，“达廷顿实验”现在已经很少被人提起。人们到这个地方来主要为了享受在大自然中的假期。老建筑、花园、农场和树林都还在，但恩厚之夫妇当年思考的问题并未结束，它有了新的内容，等待着今天的回答。

||| 诗歌

生活的锁链砸断，接上，砸断，再接上；人不可能居住在彩虹中，即使那仅仅是一条以彩虹命名的路。

从不真要一片土地

撰文　朱朱

对决

—— 记一场奥运会乒乓球赛

发生了什么？被弃用的词逆袭母语，
顽强的陨石重返星空，
生命，在另一种身份里释放潜能。
嗒，嗒嗒，球在桌角拍动，
一场必输无疑的比赛开始了；
过时的直线，企图撕破弧圈的网，
三十九岁的高龄，面对青春——
每一次失手，被视为必然，
每一次得分背后，回响着背叛的质询。
她的心电图真应该交给最好的精神分析师。
5：11，9：11，9：11，7：11。但是，
一种存在，重新出现在这一天的词典里，
一种离心力，燃放了螺旋形的烟火，
一个不分人神的种族，名叫西西弗斯。
被我们的转播镜头放大的记分牌背后，
她模糊成一个悄然收拾行囊的身影。

彩虹路上的旅馆

它有手风琴簧片式的外墙。
腼腆的旋转门，甚少旅客潮水般
涌来的景象。大堂里没有
多枝吊灯的瀑布，登记台的墙面
没有连成一排、相互驳斥的钟，
晚餐过后，小餐厅就迅速藏进阴影。
一盏路灯的眼泪滴淌在柏油里，
这最小的彩虹无人理睬地闪耀。
这里，我和一只门把手上的无数陌生人
握手，我思考如何与北方对弈，
我像前来觅食的候鸟，外面是隆冬，
风中行走等于背负整个家庭。
每个房间的形状都不重复——
可能是正方形带有辽阔的阳台，
可能狭长、幽暗如寺庙甬道，
尽头是苦修洞般的大衣橱，
也可能是一个轻佻的 L 形，
拐角供一只沙发游弋于满城灯火……

这就是被折叠在墙内的乐趣。
无需在旅行箱里捎一部厚厚的小说，
每一次入住都像在阅读博尔赫斯
或卡尔维诺，情节让位于空间的
冥想，沙盘般虚妄的年代里，
已没有值得再塑造的人物。
偶尔我也会读到亨利·米勒：
子夜，隔壁的做爱要耗尽
彼此一生的力气，凶猛，如同
新下线的车型进行撞墙实验；
读到索尔仁尼琴：通宵，女人的
抽泣声伴随婴儿响亮的啼哭。
上午总是静谧的，服务员的
小推车前来清除昨天的每一缕陈迹，
长长的楼道像一只单筒望远镜的
内壁，远端有辉煌的云团——
我像是被朝圣或远征所剩下的，
我到达面临抉择的峭壁。
如今我已经移居在这座城市，
每次从这里经过，那些窗户凝视我

以预知会遭背叛的、漠然的明净：
生活的锁链砸断，接上，砸断，
再接上；人不可能居住在彩虹中，
即使那仅仅是一条以彩虹命名的路。

道别之后

道别之后，我跟随她走上楼梯，
听见钥匙在包里和她的手捉迷藏。
门开了。灯，以一个爆破音
同时叫出家具的名字，它们醒来，
以反光拥抱她，热情甚至溢出了窗。
空洞的镜子，忙于张挂她的肖像。
椅背上几件裙子，抽搐成一团，
仍然陷入未能出门的委屈。
坐在那块小地毯上，背靠着沙发，
然后前倾，将挣脱了一个吻的
下巴埋进蜷起的膝盖，松弛了，
裙边那些凌乱的情欲的褶皱
也在垂悬中平复，自己的气味
围拢于呼吸，但是在某处，
在木质猫头鹰的尖喙，在暗沉的
墙角，俨然泛起了我荷尔蒙的碎沫。
她陷入思考，墙上一幅画就开始虚焦。
扑闪的睫毛像秒针脱离了生物钟，
一缕长发沿耳垂散落到脚背，以 S 形

撩拨我此刻的全能视角——
但我不能就此伸出一只爱抚的手，
那多么像恐怖片！我站着，站成了
虚空里的一个拥抱；我数次
进入她，但并非以生理的方式。
不仅因为对我说出的那个“不”
仍然滞留在她的唇边，像一块
需要更大的耐心才能融化的冰；
还因为在我的圣经里，那个“不”
就是十字架，每一次面对抉择时，
似乎它都将我引向了一个更好的我——
只有等我再次走下楼梯，才会又
不顾一切地坠回到对她身体的情欲。

间隙

—— 给自己的生日

空中飘满无形的气球。残留的
热浪沉进水泥，一阵害羞的凉意
像穿着湿漉漉的泳衣的姑娘跑过，
一道旋转门的反光闪现树梢，
一班地铁带走我以往扮演过的
全部角色，连站台都没有剩下。
蝉，叫得像十面埋伏中的党卫军，
蚊子们的叮咬变得凶猛而贪婪，
要像高僧般宽恕这种末日感，
毕竟你比它们要活得久长，尽管
智力陷入了低潮，翻开的书里
都是僵凝的电波、难以破译的密码——
你是一个间谍，与上级失去了联系，
暂时还是永久？不知道。也许
你已经列入了阵亡者名单，或者
被定性为叛徒，但根据以往的经验，
恰好是更危险的任务到来的前兆；
为此你要珍惜这间隙，也许
数年，也许一天，也许只是几秒。

伤感的提问

—— 鲁迅，1935年

我有过生活吗？伤感的提问
像一缕烟，凝固在咖啡馆的午后。
外面是无风、和煦的春天，邻座
几个女人娇慵的语气像浮在水盆的樱桃，
她们最适合施蛰存的胃口了，
他那枝颓唐的笔，热衷于挑开
半敞的胸衣，变成撩拨乳房的羽毛。
为什么这些人都过得比我快乐？
宁愿将整个国家变成租界，用来
抵消对海上游弋的舰队的恐惧；
宁愿捐出一笔钱，将殉难者
铸成一座雕像，远远地绕道而行。
文字是他们互赠的花园，据说
捎带了对我大病一场的同情。
可以寄望的年轻人几乎被杀光了。
我的二弟在远方的琉璃厂怀古。
需要一件毛毯挡住从脚底升起的寒意，
太阳偏西了，这里有种聚光灯
从脸上移走的黑暗；我懂得

翻译是某种反抗平庸、贫乏的办法，
周边的嘈杂声，已无一丝血色。
我用过的笔名足以填满一节
火车车厢，如果他们都有手有脚，
我会劝他们告别文学旅途，
去某个小地方，做点小事情，
当一个爱讲《聊斋》的账房先生，
一个惧内的裁缝或者贪杯的箍桶匠……
只要不用蘸血的馒头，赚无药可救的钱。
街灯下，闰土忽然在眼前浮现，
他仍然看守着海边的西瓜地吗？
在月下挥动钢叉，驱赶着猹，
然后转回窝棚，捻暗马灯，
如一族的长辈，习惯了永生般的独处。
为什么一想起他，就会觉得
这么多年我始终住在自己的隔壁？

夜访

十一月的雪飘在满是烟霾的天空，
北方，就要凝固成没有日常的冰川。
我仓促地启程，为寻访远处的你。
一路上后视镜里的矿井都在塌陷，
刮雨器勉强地承诺一小块扇形的前方，
雪如亿万飞蛾吞吃车灯；驶出
几百公里，奇迹终于出现，树叶
开始发绿，月亮像一架飞机的尾灯
静静领航，河湾里麇集的船
企鹅般孵化着某种濒临绝迹的生活。
路牌上的地名变得散淡、亲切。
每座城市的规模相当于十几分钟的
光带。摇下车窗，风中有种
亲人们在为你筹措赎金的暖意；
和缓的山势松开了内心的油门，
减速，尽可能享受骨盆般的拥抱，
即使闭着眼睛，我也能将车
泊进小院；一棵腊梅垄断了
空气，草丛里摆放落叶的合影，

整个房子是一盒等待冲洗的底片。
那扇门中的你比我更像我，
那张年轻、狭窄的脸，头发
连同衣领布满神经末梢，静止在
多年前的那场告别。你说：别开门，
一幅从墙上掉下来的画刚刚入睡，
而家具们正爬行在逃往森林的途中，
灯一亮就会回到原位；这里已经适应
黑暗，并且将锁孔视为世界的中心。
你说：路过我，成为他人——
十一月的雪飘在满是烟霾的天空。

背

—— 致敬小津安二郎

战争中绝不可将背暴露给
对方，但在寻常的日子
这样做能帮助一个人隐藏自己。
女儿，你在厨房门边道出晚安
如同练习未来的永别，
你的泪水，提前流落到腮边。
我冷淡地回应而不转身——
我转身，正仓寺就需要
重建一次，海就会冲毁岛。
血液的契约里不必有债务。
开过的樱花，不必有仓库。
让小酒壶将我驮到山顶去喂狼吧。
蛮荒中响起你木屐声的时候，
我已经用自己的脊椎做成
墓碑，在上面刻写好“无”。

重新变得陌生的城市

这城市想逃离我们的国家
就像水晶鞋逃离早晨弄堂里的煤烟。
它那些大厦是林立的桅樯
在太平洋的海岸线排队，那些
装扮时髦的姑娘们在咖啡馆里
小口地啜吸，等待金发的男人来搭讪。
栖息在美术馆楼顶的鸟群
总是被骤响的钟惊散到半空，
盘旋，直至回声消歇，而我
从来不曾想在这里搭一个巢穴——
我讨厌它方言的娘娘腔，和它
想要在黄种人里漂白自己的傲慢。
尤其在那场惨烈的告别后，
遗忘在两者的躯体里同时生长，
仿佛在比试谁的速度更快——
从它的空气中长出如此多的
银行、商店和高架桥，从
我的掌心长出了苔藓般的诗篇。
但在这个下午我渴望走进它，

就像脱下条纹囚服的人回到了
大街上：带雾的阳光，远近的车流，
树影闪烁的橱窗；一处院落里
哗哗作响的喷泉，像故人们
从各自焊定的生活中溢出情感的馈赠。
铁路桥消失了，苏州河不再洋溢
恶臭，它变得透明、无味如塑料布。
广场，被分割成面包屑般的林荫，
再不会有大规模的集会，自从
一场暴雨冲散了游行：失散，
每个人都只剩下自己，甚至小半个。
属于我们的一页被撕得太快、太干净……
一个冷漠而恢宏的壳已经成形，
它那些小岛像凝固在上世纪的蝌蚪，
并没有为百科全书增添新的物种，但
每一代都有一座被追认的伊甸园，
每一种失败都注定被未来洗劫。

我就是

不喜欢

赢家通吃、不留余地的

I despise philosophy

that endorses "winner takes all"

and leaves no spaces for the loser

哲学。

杨潇 | Yang Xiao

△ 报道

与其说这是一系列构思精巧的介入艺术、社会雕塑，不如说是焦兴涛真正走入羊磴的生活之中，与生活贴身肉搏。

焦兴涛在羊磴

撰文　刘博智

焦兴涛越来越像一个羊磴人了。

2016年，焦兴涛在羊磴西街118号花了10万买了一栋三层小楼和两亩地。有一天，焦兴涛去老街上的食杂铺买烟，没带钱，老板娘说没关系，先赊着。

羊磴西街118号的门上挂着两块牌子，“羊磴艺术供销社”“羊磴艺术合作社”。对了，他是个雕塑家，还是四川美术学院的副院长。

2012年，焦兴涛和一帮重庆的艺术家来到贵州省桐梓县羊磴镇，在这儿成立了羊磴艺术合作社，他们和当地木匠共同协作的“乡村木工计划”与当地营业店铺共建“冯豆花”美术馆、“小春堂”文化馆，让这个所谓“没有历史”“没有故事”的小镇上的百姓开始试着讲述自己的故事。

在羊磴，艺术家们制定了几条原则：不是采风；不是体验生活；不是文化扶贫；不是送文化下乡……他们希望和羊磴人一起，商量着做艺术。

大部分时候，羊磴的焦兴涛都不像个艺术家，他太普通了，身上套着印着“sculpture”（雕塑）字样的黑色T恤，短裤，拖鞋，张罗着大家吃米线。除了胸口的“雕塑”，他做的事情几乎都跟雕塑无关。他为人温和，褪去了年轻时对艺术的迷狂和玩世不恭。

大学毕业那年，焦兴涛用玻璃钢做了一个穿着皮夹克的“自己”。“他”像个顽主，梗着脖子，顶着一个流里流气的中分，掉裆灯笼裤，尖头皮鞋，灰头土脸地双手插在裤兜，一只胳膊夹着一个牛皮纸裹着的东西，有人问里面是什么，焦兴涛说是一盘黄色录像带。

除了更老一些以外，焦兴涛的外表和1993年的“自己”并没有什么不同。他的脸依旧如刻刀刻过一样，塑出硬朗的线条，只是须发有些冒白。只有笑起来的时候，你才能分辨出他和玻璃钢的区别，一笑起来，嘴角牵动眉梢，鱼尾纹攒在一起，依稀能辨出岁月坍缩在这张笑容后的痕迹，对的，他总是笑呵呵的。

前段时间，这尊雕像在重庆重新展出，好事者将一顶女士假发搁在头上，很像迪克牛仔，焦兴涛觉得有趣极了，拍了照，发了朋友圈。

“月母子电”

“啪”的一声，房间灯灭了，隔着薄墙，墙外空调压缩机停止了喘息，朝楼下喊了几声，旅馆的老板娘摊摊手。电视机也熄了，老板娘的儿子讪讪挪着步子去点蜡烛写作业。不多时，黄色电力检修车的引擎声划过了溽热的小镇。羊磴时常停电，尽管这附近有三个电站，但是电似乎总是送不到夹在中间的羊磴。

半夜热醒，身上蒙着一层黏糊糊的细汗。漆黑中一声呜咽，翻滚而来诵经般的呢喃，还有无穷无尽的唢呐声。早晨起来，焦兴涛说，隔壁家的老人去世了，夏天常有暑热致死的老人。

第一次停电是在酒桌上，推杯换盏之际，灯灭了，我惊呼一声。酒桌上的话头却没断，黑暗中大家摸索着碰杯，滋滋地喝着酒。

羊磴人管这里的电叫“月母子电”，“像坐月子的女人，金贵得很，碰不得”。老百姓习惯了黑暗，千百年来，他们的祖先就如此生活。很快，焦兴涛他们也适应了这样突如其来的黑暗。

羊磴艺术合作社的工作就是在与黑暗搏斗。焦兴涛管这个叫作“缓慢的持续”。“当一个人突然走进一间黑屋子，他的视力会被剥夺，什么也看不到；假如他能够在黑暗里坚持五分钟，渐渐放大的瞳孔上会浮现出各种模糊的陈设；假如他有足够的耐性，随着时间的增加，当眼睛变得和猫头鹰一样敏锐时，他会发现一座宫殿。”

“持续”让羊蹬日常的生活在艺术家眼中历久弥新，各种丰富而生动的情感、关系和事件让艺术的触角异常鲜活，艺术参与和介入的方式层出不穷，乐趣横生。

在羊磴，最先跟艺术家交上朋友的是木匠郭开红。我见到郭开红的时候，他的半个屁股压在一块柏木板上，徐疾有致地推着刨子，他跟另一个木匠师傅在为羊磴艺术合作社打一条长凳，几个小时，没有一句话，只有金石跟木头嘈嘈切切的声音。

每推一下，溜光的木板上碎屑和香气四溅，对面河岸卷积来的湿气将这香气濡湿，充盈整个鼻腔，好闻极了。这味道，跟他失散了二十多年。记忆里，那香味还裹在二十年前表哥家油漆彩画的木门框里，那是他接到的最后一单木工活，帮新婚的表哥打一副门框，他还特意为门框描上彩漆，不过没人在意，越来越多的人用上了轻便、便宜又耐用的断桥铝门窗。

郭开红是羊磴镇土生土长的木匠，20 多岁跟师傅学艺，打造各式日用家具，头脑灵活，手艺出众。那时候，每当谁家有女儿出嫁，父亲会请木匠打上全套的家具作为嫁妆，木匠吃住都在主人家，酬劳不按家具件数算，而是按天支，出嫁时家具越多，女方就越风光。打一套家具少则几天，多则十天半个月。过去的几十年里，他接过一沓沓钞票，将恭敬递过来的烟夹在耳后，旁边是主家刚出闺阁、满脸羞涩的女儿递过来的酒杯，他心满意足地一饮而尽。那是木匠的黄金时代。

突然有一天一切都变了，广东来的家具一夜之间充斥整个乡镇，它们又轻巧又便宜，镇上的两家家具店就让近百个木匠失业了。

郭开红很长时间不碰木匠活了。为了维持生计，他学了电工的手艺。一个偶然的机会，同乡娄金邀请郭师傅去往重庆，帮他的工作室制作木雕作品。

一天，郭师傅喝了点酒，暖风吹醒了他的酒气，在黄昏的余晖下，他仰着头，路边站立的各种人物雕塑让他心惊肉跳，回到自己租住的小屋，郭师傅忍不住做了自己的第一件木雕。

十几年前，焦兴涛也仰着头，站在学校的雕塑工厂，高年级同学长发飘飘，站在顶层的脚手架上叼着烟，慢悠悠地做着一个比澡盆还大的胸部，焦兴涛如蒙重锤、惊为天人。“形体如同一袋土豆”的谶言只在某些秘而不张的艺术理论书里能看到，当时焦兴涛心中好的雕塑，还是入学时老师带他们去参观的离学校不远的渣滓洞里鼓着腮帮子、怒目圆睁的革命殉难者的形象。

找到郭师傅，焦兴涛觉得找到了一把打开羊磴日常生活的钥匙。焦兴涛把木匠们聚拢起来，为他们放了一些木质材料艺术作品的幻灯片，让木匠和艺术家组成小组，各自从家里、小镇街道中选择一件木制品，协商完成一件作品，在过去做木桶、板凳、家具的基础上，超出实际需要和功能，增加一些有意思的东西……

“想做什么做什么！”这个开放性的命题让一屋子一天领200块工钱的木匠坐立不安，他们猜不出这帮重庆“老板儿”的意图。“给了钱又不说做什么，到底要做个啥子？”郭开红不愧是在黄桷坪受过艺术熏陶，沉默寡言的他成了一屋子木匠的领袖。

他带领木匠把几个小方凳纵向连接，叠加以后很有形式感，尽管它们已经成为不能坐的凳子，但有了凳子之外的含义，这帮很多木匠打开了思路。

有个木工刚开始说自己什么都不会，只会做棺材。后来，他尝试把几个“迷你”小棺材叠加在一起，做出了一个抽象的雷锋帽。还有一位木工尝试改造一个旧立柜，把它镶在摩托车的后座板上，变成一个流动的家。打开柜门，锅碗瓢盆一应俱全，拉出活动隔板，就是一张简易的床，刚好可以躺下一个人。

“艺术就是请客吃饭”，晚上，艺术家和木匠聚在一起，推杯换盏间，生疏和拘谨就消除了，酒是在老街上打的高粱酒，15 块一斤，大家一杯接一杯仰脖，那是灵感萌发的夜晚。

艺术家王玖说：“羊磴就像一场开放世界的 RPG（角色扮演）游戏，这里没有任务提示，也没有 NPC（不受玩家操纵的游戏角色）。但是走着走着就会找到宝箱和钥匙。”

谢小春就是这样的“宝箱”。焦兴涛记得他跟小春第一次见面时的情形：

正踌躇间，但见一人，干精火旺，着一灰红相间工作服，后背“中国石油”四个大字，缓步走进人堆，众人见了赶忙招呼，“谢医生！”“谢老板！”“谢老大！”一阵乱叫，咦，此人好生来头！列位看官莫忙，且看他如何长相：小一米六的个子，生得是短小精悍，左手斜插裤兜，右手二指夹烟，形容颇为自得潇洒。五十一二年纪，面皮黝黑，三角小眼贼亮放光，张口便道：“我晓得你们，冯豆花撒！还有西饼屋美术馆撒！都是你们帮到搞的嘛，搞得好！好耍！我们家肯定没得问题，随便弄！”

“谢小春是个奇人。”跟他打过交道的艺术家都这么说。

他的确跟其他人不太一样。前段时间，他鬼使神差地把安监局贴在加油站加油机上的封条撕去，被罚了 11 万，但他毫不在意，几乎在同时，自己的三幅画在微店上卖了 3000 块，“艺术”上的点滴成就足以抵消生意场上的不快。除了画画、雕根雕，他还收集故事，真假晦明地编造各种关于羊磴的传说和神话。在焦兴涛看来，他属于一种正在消失的群体——“乡绅”。这个身份无关财富，它代表着乡土社会生生不息的黏合力量，每次说起自己做袍哥的祖辈，他脸上都满是骄傲。

往山上走的时候，废弃的矿井错落点缀在山体上，木牌上是红漆写的森林防火的标牌。落款写——“羊矴”。

这种写法并不常见，起先焦兴涛以为这是羊磴的简写。学校里的学生图方便把“羊磴”写成“羊矴”，镇上中学的语文老师说这是别字，掰着手让他们改过来。“呸！”小春觉得不忿，他说，“羊磴”原本就叫“羊矴”。村里老人也说，民国政府时镇政府的匾额上还挂着“羊矴”。不过“羊矴”从何而来，羊磴人都不知道，县志上找不到，也无人求其甚解。

后来，小春查了《康熙字典》，“矴”字通“碇”，意为“锤舟石”，古籍中把启航叫“启碇”，停船叫“碇泊”或“下碇”。百年来羊磴这里是野生河岸。公路没有修通时，河畔有码头直通赶水和重庆，祖辈们肩拉手拽，把搁浅在此的商船背往下游。据小春说，他祖辈就是执掌码头的袍哥。今时今日，往日帆影已是难觅，旅游公司来这里开发了漂流，号子声变成游客嬉闹声，商船也变成了皮筏。

在小春儿时的记忆里，羊磴河上的“锤舟石”是河堤上的古树，胳膊粗的麻绳缠绕着遒根，庞大树冠伞盖遮天蔽日，消夏纳凉，河水漫涨，夏日渐长，小孩子像泥猴子一样扑簌簌地扎进水里。“羊矴”原来从此而来。人上了年纪，小时候的风物、温度、气味就又变得熟悉，浮于眼前。起先，小春用一根钢笔勾出，岸堤上淘米的妇人，两岸拉起的吊索上挂满了攀缘嬉戏的孩子，细节越来越多，五七煤厂，石佛山的老宅子。2016 年 5 月，小春随着羊磴社员到羊磴河畔写生，画出了第一幅钢笔线描画《鲤鱼跳龙门》，从此一发不可收拾，先后创作了多幅钢笔画、毛笔画。

从皮相来看，羊磴河似乎跟浪漫沾不上边，县里棚户区改造的款子一直没有下来，滩涂处尽是两岸居民倾倒下来的垃圾，河上是一座摇晃的吊索桥，2016 年的一场暴雨将桥上木板掀翻，桥体冲垮，这让小春忧伤不已。这是羊磴人自己建的桥，当年小春的父亲坐了很长时间的车到遵义，“化缘”捐桥，补上村民们没够凑够的修桥款。桥落成时，桥基上刻了每位捐款者的名字和金额。

不过羊磴河的左岸倒是真的“左岸”。这里有“小春堂”，一间由车库改造成的画室。灰白的承重柱上挂满了小春的画作。这里到处脏兮兮，堆在角落的是一堆煤块，一台废旧的洗衣机，被掀开衬皮的沙发上面散落着的画笔。郭师傅的展览是在这里举办的，羊磴十二景的海报还贴在这里，铺了一层厚厚的灰。重庆的艺术家来的时候，他们在这里喝茶吃肉，摆龙门阵，果真像极了巴黎左岸的沙龙。

就像自己的祖辈一样，小春有种天生的使命感，一直想为羊磴留下一些东西。在遁形于大历史的羊磴，他用画笔将藏在人心世道中的小历史画出来，这些画作大多都是叙事性的，年代锁定在七八十年代。他管自己这些笔力朴拙的画作叫作“年代画”。在画里，小春把儿时的空间和时间折叠又摊开，他对着羊磴山的“写生”其实是在“摹旧”，画的是四十年前的风物，洪峰过后祖屋里的积水漫过脚踝，母亲襁褓里自己在啼哭，1978 年上山背煤的山路崎岖而上。

艺术和历史都是精英趣味的历史，纵有民间艺术史也多半出自知识精英之手。为什么没有一部农民书写的艺术史？这个问题一直盘旋在羊磴上空。小春的微信名叫作“小春好耍”，每当羊磴有媒体、艺术界人士来访，都会先找到他，问起他对艺术的看法，他说：“管他艺术是个啥，只要去做了，介入了，好耍就行。”

“啪嗒”一声，酒席上的灯亮了，来电了，众人被那强光炫得眼珠生疼，到处白茫茫的一片。

大路朝天

焦兴涛新买的 SUV 在羊磴的山路上磕破了大底，他心疼不已。这让坐在后座的羊磴人娄金有些过意不去。

“山羊爬山都要加个磴才能蹬上去，这就是羊磴。”娄金说。官方文献里说，羊磴 90% 以上的土地都是 25 度以上的坡耕地。娄金从小就住在这里，老家房子处在山腰陡坡上，夜晚到来，一脚踹飞一颗石子，随着浩渺的银河，落入黑黢黢的羊磴河。

羊磴镇原本是个产煤大镇。娄金记得，煤场最兴盛的年代，满脸黢黑的父亲从矿场会计那里领回了一沓沓的人民币，靠着这些钱，他读完了初中和高中，去了川美，成了一名艺术家。

从老街往山上望去，矿洞将山体黑乎乎的内脏掏了出来，这个过程持续了大概十年，山上的地下水没了，地面也塌陷了，一些山上的村民搬到了山下的老街，山路像一根快要磨断的麻绳，紧紧地箍在苍翠和灰墨之间。“路像纸壳一样脆”，上高中那会，娄金一路从这里走到遵义去，他一脚踢碎了一块刚刚硬化好的路面。后来到了重庆，他讲给别人，大家都当笑话听。那几年，除了老街上的羊肉粉从 4 块涨到了 10 块以外，巨大的停顿感包围了羊蹬。轰鸣整个山谷的钻机声消失了，但半个世纪的煤灰却飘飘荡荡，穿云跨桥，飘落在屋脊、房梁和羊磴人的脸上。不远处是河岸上堆起的二层楼高的渣土，矿场、歌舞厅里被敲碎的玻璃推拉门，发廊前停转多时的三色柱，一些老三线的印记被时光封冻住了。如今的日子贫乏无聊，穿着磨旧矿工服的摩的司机，给外地司机指路时翻动着困倦的眼皮，那是掘金时代遗传下来的表情。

许多年前，路过羊磴时，令狐克兴在颠簸的面包车里摇下车窗，他看着被矿车噬空的山体，山民们在缓坡间艰难谋生，顿时生出了无限的苍凉感慨和改天换地的少年意气，“有一天能把羊磴人从山上迁下来，由镇里出面成立劳务输出公司，把羊磴人培训好，然后输出到沿海企业打工，羊磴就富起来了”。当时的他不曾想过有一天会入主此地，成为父母官。

如今的夜晚，令狐克兴坐在羊磴艺术合作社的露台上，他对重庆来的艺术家充满了兴趣。这位羊磴镇最年轻的副书记不再期望年轻时的大胆设想变成现实。再说了，就算政府在山下建好了搬迁公寓，老百姓仍然愿意守着大山过日子。当然，年轻人还是会到外面闯闯，去遵义或者重庆打零工，他们有时会诓回外地媳妇，姑娘到了羊磴才发觉上当，只能恨恨地把肚子里的孩子生在这片贫瘠之中，然后悄悄溜掉。在令狐克兴看来，穷是心病，脱贫攻坚是羊磴顶天的事，他恨铁不成钢，言语中，贫困和麻木的羊磴成了他不争气的孩子。

羊磴老街不算长，只有 550 米。老街的一天，总是会被陡然而至的呼啸和絮叨的喘息，切割成一小块一小块细碎无聊的时间。两辆载重超过 80 吨的车子艰难错车，互不相让。司机探出头来，轻点油门，再踩刹车，两辆大车发出哼哧的喘息，抖动着 80 吨的肥硕身躯，像两个肥胖病人在狭窄的病房通道相遇，晃动的肥肉蹭到了一起。“往左打轮，再挪挪。”羊磴老街旁的居民就成了义务的交通协管员，这个过程通常会持续上五到十分钟。

这是焦兴涛到羊磴后的第一印象，在“一席”的讲台上，焦兴涛向台下的听众展示了一张图片，这是他刚来羊磴时拍下的，灰扑扑的羊磴老街，两辆迎面相错的大车填满了整个屏幕。对艺术家来说，这是日常琐碎中暗藏的谕告，和中国大部分镇子一样，这里没有神迹，尤其是在资源消耗之路走到头以后，这里的老百姓“既不悲观，也不乐观”地跟生活狭路相逢，觅得生机。

羊磴人对大车的频繁造访感到亲切。2015 年前后，羊磴的老百姓都喜气洋洋，听说一条从这里通过的高速公路，准备年内开工。这条习水到正安的高速公路，过境桐梓县北面乡镇，并会在羊磴镇和芭蕉乡分别开设上下互通匝道。

然后，拉着渣土和建材的大车又一次在羊磴多了起来。镇上唯一一家蛋糕店“果味香西饼屋”生意又红火了起来，老板梁大强记得上一次生意这么好还是煤矿红火的时候。加油站的老板谢小春也放下手里的根雕，忙着自己加油站的生意，儿子也帮着打下手。

不久，羊磴的房地产也红火了起来，“羊磴新城”“顺发商住楼”的大幅广告挂上了墙。就连隔壁村镇的人也盘算着来这里买房，“2000 块一平方米，等羊磴镇高速通了肯定可以赚一笔哦！”

羊磴人笃信这一套说辞：在未来大重庆经济商圈的蓝图下，羊磴河流域将很快融入一小时重庆经济圈，一旦过境桐梓北面乡镇的高速公路建设全面完成，从羊磴出发至重庆中心城区或者桐梓县城只需一个小时左右。

只是，这个下道口迟迟没有等来，羊磴老百姓到网上给贵州省交通厅、遵义市市长、省长信箱挨个投了信，信石沉大海。县里的领导也着了急，交通厅厅长请了一堆专家就羊磴设下口的事情开了一个专题会。会上争执不下，专家的意思是要设下口，至少要有 400 米的缓冲区，羊磴条件达不到。

如此一来，羊磴人又蔫儿了。小春回去拾掇自己的根雕，木匠郭开红赶到隔壁镇子上接一些电工活糊口，道士胡师傅脱了道袍做水泥匠，帮着焦兴涛他们糊顶棚。

又是漫长的停顿感，这种感觉并不好，因为停顿之前，时常伴随着狂欢和狂飙。焦兴涛对此深有体会。

雷曼兄弟倒闭前的半年，正是中国当代艺术市场鲜花着锦、烈火烹油的半年。各种艺术杂志像雪片一样寄到焦兴涛的手里，里面有各种展览、作品、开幕资讯、工作室，各种郑重其事的评论、真假难辨的艺术家传奇。

焦兴涛没日没夜地在工作室挥汗，汗水滚落在地板的木屑上，砸出一个金属水花。那时的焦兴涛执迷于对现实的仿真和摹写，“雕塑不着个色都不好意思拿出来展览”。在他的悉心指导和藏家的耐心挑剔下，焦兴涛的工人喷漆工艺达到新高度，成天鼓捣那些被称为“波普 + 超级写实”或者“安迪 + 奥登伯格”的作品。

艺术杂志越寄越多，焦兴涛犯愁怎么处理，廉价铜版纸让一摞摞杂志画册重得像一坨坨铁。杂志之外，“卡通”“政治波普”“写实”“新水墨”“抽象”，像一只只被人们追高又迅速弃之如敝屣的股票。

然后，“金融危机”来了，所有雕塑仿佛一夜之间从各种展览上蒸发了，曾经的市场宠儿如今变成了市场毒药。他依稀记得，那是一个无声的夏天，艺术电台的音量旋钮被拧到无声，没有了展览，没有了画廊，没有了各种催促，只有裹着塑料薄膜的整整齐齐的雕塑，“像一群蒙面大盗”，逼问着他灵感的下落。

他依旧做雕塑，写文章，出书，还评上教授，自此“在名片上加个头衔不用像做贼一样”，只是艺术市场的回暖仿佛遥遥无期。

焦兴涛一个猛子扎进水里，再浮出水面的时候，他发现和艺术市场的波澜不惊相比，越来越多的艺术家打着介入艺术或者乡村改造的大旗，纷纷走出了工作室，走出了美术馆，浩浩荡荡地进入农村。

朱青生说："中国接受当代艺术的方式是扁平式的，国门一打开，很多西方艺术同时进来了，没有自然生成的过程。"从艺术史的时间轴上看，从塞尚到杜尚再到博伊斯的差距，在中国的改革开放之下被缩短了，"差着辈"的艺术流派前后脚进入中国，轰炸着中国艺术家的大脑。就像焦兴涛从渣滓洞雕像出发，走到意大利的贫困艺术、日本的"物派"，仿佛一眨眼的工夫，瞬发而至。

甘肃石节子村、贵州羊磴镇、山西许村、安徽碧山，在一群群艺术家、艺术爱好者、画展、媒体、美术馆进入这里之前，它们跟中国其他 90% 的村镇一样，没有秀丽的风景，没有久远的建筑，平庸乏味没有性格，就像高铁上经过的任何一个只有站牌没有月台的小站，乘客既没有时间也没有欲望去了解它。

焦兴涛像是闭着眼从高铁上跳下来一样选中了羊磴，他满可以选择距离不远的夜郎镇，既有历史传承，又有太白书院这样的历史实体。选择羊磴，充满了野心。这是一场协商的审美启蒙运动，是在一张没有"历史包袱"的画布上泼墨，那感觉又回到了 1992 年他上蹿下跳的青春岁月。

很长一段时间，羊磴的老百姓很羡慕隔壁的夜郎镇。

尽管“夜郎自大”不是什么好词，不过跟历史沾亲带故，总是不赖。看着夜郎镇人搞点古迹开发，腰包渐鼓，羊磴人眼红了，去翻史书，二十四史翻遍也找不到羊磴的影子，又去翻县志，里面没有任何值得铭记的故事、传说。

焦兴涛邀请当地人和艺术家一块写生，然后为这些景色编一段故事、一个传说，比如一尊表情夸张诡谲的无名石敢当石像，大家都说不出来由，有人就编，昔传，泸溪沟有食人怪兽，常于月初之夜择路人食之，后被制服，据其模样塑了一尊石敢当。后来，焦兴涛将这些画和故事印成十二张明信片，命名为“羊磴十二景”。

“谁又能保证我们的文化、神话、历史没有附会和编造？”在悠长回忆和乡野杜撰的双重曝光下，羊磴的“历史”被冲洗成十二张明信片，变得离奇难辨，充满张力和巧合。或许，不久之后，这些信口胡诌的故事就会在口耳相传中被写进县志，流传于乡野。

“穿过县界长长的隧道，便是雪国。夜空下一片白茫茫。火车在信号所前停了下来……在遥远的山巅上空，还淡淡地残留着晚霞的余晖。透过车窗玻璃看见的景物轮廓，退到远方，却没有消逝，但已经黯然失色了……”川端康成笔下的越后妻有，曾感动过无数文学青年。而几十年后，曾经的凄美变成了死寂，这里十室九空，学校废弃，整个区域弥漫着衰颓的气息。不过从2000年起，策展人北川富朗在这里策划了“大地艺术祭”，2015 年三年展时观光人数达到了 49 万人次。越后妻有就这样在艺术的点化下复活了。跟越后相比，羊磴的情况更糟糕，羊磴实在没有拿得出手的家底，一条湛清碧绿的河水只留下了两岸“疮疤一样的棚户区”。听说羊磴来了艺术家，羊磴的政府官员仿佛找到了登天之途，特意开车到了川美，找到焦兴涛，摇唇鼓舌一番，说动他们免费为羊磴河道治理做设计方案，打造艺术小镇。其中的言外之意是借合作社先做个样板，然后争取县里的改造资金。这焦兴涛当然知道，但是，他还是被这个野心打动了。

当然，这个野心并非艺术野心，没能逃出“文化搭台，经济唱戏”的窠臼，当羊磴人开始盘算门票应该收多少钱的时候，艺术是招揽游客的噱头。

但这又有什么不好呢？这几年，中国兴起了诸多艺术介入乡村的实践，这样的介入背后，很难说没有涌动着田园牧歌式的改造冲动。田野变成了一块巨大的画布，可是画笔终究是握在艺术家的手中。焦兴涛保持着一种疏离感，他不把羊磴当作一块画布，事实上羊磴就是画作本身。与其说这是一系列构思精巧的介入艺术、社会雕塑，不如说是焦兴涛在真正走入羊磴的生活之中。

2017 年夏天，焦兴涛带着艺术家来到羊磴的时候，令狐克兴特意来拜访，他看起来像个刚出校门的学生，恭顺谨慎，尤其是在重庆来的艺术学校院长面前，更是如此。他刻意放慢语速，换上不太熟练的普通话，说到一个脱贫攻坚的“钉子户”，把自己老婆打跑的冥顽不灵的懒汉，他终于忍不住用羊磴话咒骂了一句。咕咚，像一颗石头闷到了深井里，话头突然熄灭了。

后来，我在小春儿子的手机里看到了一张照片，一辆大车下面露出了一小段胳膊。“惨呦”，这是男孩的胳膊，他是令狐克兴口中懒汉的儿子，父亲整日泡在酒罐子里，衣食无着的男孩天真地想挂在大巴车横梁底部“偷渡”去县城，上坡过弯道的时候，蹭到低矮的石子路面，脑袋被压个粉碎。

“还是得怪路。”

羊磴的路窄，常年跑长途的大车司机来到羊磴都不敢掉头，令狐克兴一说，大家叽叽喳喳跟着起哄，一边感叹日子愁苦，一边讥笑外地人胆小。说着说着，场上的话头又断了，大家又想起了那些石沉大海的网络信件。通往小康的大道，没有给羊磴留出一个“下道口”。

雕塑的敌人

焦兴涛打着赤膊，仰卧在中央美院对面一间半地下室的床上，4 月初暖气苟延残喘将房间里最后一丝水分榨干，毛巾硬邦邦地挺立在铁丝上，周围聒噪着的全是兴奋的呓语。

这是1993年的庸常一天。几天前，一帮怀揣刻刀和梦想的青年啸聚火车站，扒上北行的火车，焦兴涛和同学带着朝圣的心情去看中国美术馆的“法国罗丹艺术大展”。这是罗丹作品第一次来中国，被放置在高檐飞脊的大理石高台上，一群渴望艺术的年轻人梗着脖子拼命地端详。

晚上，他口渴难耐，白天大脑吮了太多的刺激：高檐飞脊上西域冥府诸象，那些眼窝掏得深不见底的黑魆魆的铜像，还有那些伟岸的青铜半神脚上细致的指甲盖，那是教科书上不存在的细节。“到底哪里出错了？”焦兴涛围着雕塑转圈，越看越困惑，这些印在雕塑书里早已被翻烂的大师之作，突然变得陌生。罗丹为了制造光影，把雕像的眼窝掏得极深，他的雕塑充满细节，和学校里苏式传统讲究整体和块面的纪念碑式人物塑造迥然不同。“罗丹错了？还是学校教错了？”沉闷的地下室里，这个问题如同日光灯管一样晃来荡去，对于此时的他们来说，这是一个无解的问题。焦兴涛又想起了入学时老师带他们参观渣滓洞，里面的英雄雕塑们怒目圆睁、义正词严。他一边安慰自己，一边翻出白天在麦当劳里偷偷带回来的写满英文的红色调料包。1992年4月，北京第一家麦当劳快餐厅在王府井大街南口开业，焦兴涛咬咬牙，买一份十七块五的汉堡薯条套餐，这是此次北京之行的另一场“朝圣”。焦兴涛用牙撕开包装，血浆一样的酱料流进嘴里，用舌头一舔，“呀，番茄酱，真甜！”

1993 年的中国雕塑界就像这包被撕开的番茄酱，一股酸涩和甜蜜正从绵密厚实的传统的牙缝中渗透下去，包裹住那些年轻的味蕾。

那一年，在西湖边上，艺术家孙振华和曾成钢策划了中国第一届青年雕塑家邀请展。邀请展上，青年雕塑家渠晨明的毕业作品《沁园春——毛泽东在 1945》引发争议。这是一尊根据照片高度写实的雕塑，粗粝得不加修饰的衣纹褶皱，微微隆起下垂的腹部，雕塑里的毛泽东头戴太阳帽，双眉皱起，表情忧郁沉重，这种表情在过去是从未有过的。

川美当时去了四位老师，焦兴涛回忆起那个傍晚，一帮同学围着这四位刚从杭州回来的老师，如同领受福音，焦兴涛被挤在遥远的人群里。多年以后，这个傍晚依然让他悸动。只是，雕塑江湖的盛景似乎遥遥无期，随后的十年里，他像困在木人巷的盲僧，对着黑暗挥出拳头，砸向虚空，没有敌人。

大学毕业，焦兴涛留在四川美术学院雕塑系读研究生，“脑子空得像倒空的铝皮饭盒，除了勺子刮擦盒盖的恐怖声响，什么也听不见”。留下来读研的只剩下焦兴涛一人，他像个艺术的怨灵，在黄桷坪逡巡游荡，此时他的同学已经毕业，开始接活挣钱，在商品经济的大潮中浮沉翻滚了，有人买了近两万元的本田摩托车。受难般走完自己美术教育的最后一段匍匐之路，在某个夏夜，焦兴涛如蒙神启一样用金属废料焊出许多戏剧人物，政治正确的古典形象的确给他带来了安全感，同时借助材料遁出雕塑的传统又给他带来了信心。“这是一次必然的出走。”1990 年代末的中国雕塑界，材料几乎是唯一的武器和突破口。然而，空洞的符号毕竟无法借尸还魂，很快他感觉头碰到了墙壁。焦兴涛像“电击后复苏的病人一样”把自己做的戏剧人物都扒掉了，“只要不是人，都是我喜欢的，我真的厌倦透了各种有头有脸的雕塑”，焦兴涛说。

兜兜转转，焦兴涛感觉自己走进了死胡同。这段时间，中国艺术家在老祖宗筐里努力翻找，然后用西方的各种主义“转译”。在一个双年展上，他看到了用油画技巧画的国画《红梅》后，他想，是时候改变了。“好雕塑应当是忘掉东西方、忘掉各种主义、忘掉门派和招数的，全神贯注于此时此地即时冲动的作品。”焦兴涛将其比做“独孤九剑”，不在招数，而在临敌。

当务之急，是找到一个敌人。

于是，焦兴涛决定走出工作室，他和一帮艺术家选定了贵州羊磴这个具体的现场，来充当“对手”的角色。

说实话，一开始焦兴涛并不清楚去羊磴要做什么，但他唯一能确定的是不做什么，“不是猎奇采风，不是体验生活，也不是乡村建设，不搞文化公益，不是慈善组织”。看起来，这是一次仓皇的出行。这是一个除了一条河之外平凡得一塌糊涂的小镇，这里最大的特点就是没有特点。让焦兴涛痴迷的，正是这种平凡。

刚到羊磴不多久，焦兴涛就找了个“敌人”。这是“木工计划”里郭师傅随手做的米箱，打开箱子，里面装着一个举手投降的人物，两条腿露在箱子的下面，一把木制的小手枪，顶住箱盖。郭师傅管它叫“敌人”。据他解释，被囚于箱中，举手投降的敌人是日本兵，那段时间电视里走马灯一样地放着抗日神剧。这个粗糙又充满奇想的作品让焦兴涛异常兴奋，它成了某种指示物，借用“日常”的梯子，通往超越日常的惊奇。“正是在这样一个乡镇，中国日常生活最末梢、最边缘的地方，日常规则和政治限制相对来说最松弛的地方，艺术所具有的问题意识和挑战性，才可以顺其自然、不着痕迹地编织进去，从而建立某种艺术和生活的连续性。”焦兴涛说。

除了一张黑白的全家福照片、一本大红封面的陇西羊磴李氏宗祠的家谱，住在河岸不远处的李安伟已经快想不起来羊磴镇李家曾经的烜赫，他取出家中唯一一张黑白全家福照片，破旧、缺角、积灰让照片里的人难以辨认，李安伟小心翼翼地捧着照片，向艺术家介绍里面的人物。艺术家决定帮助他修复这张照片，和它昔日的荣光，团聚起那团火焰。他们将修复后的照片放大到李安伟家外墙的尺寸大小，直接挂在他家朝向大桥方向的墙面上。

这让我想起了由“新浪潮祖母”——法国导演阿涅斯·瓦尔达（Agnès Varda）与年轻街头艺术家JR一起拍摄的纪录片《脸庞，村庄》（*Visages Villages*）。阿涅斯和JR开着一辆改装过的小货车，行进在法国乡间、小镇，为偶遇到的工人、农民、咖啡店店员、邮递员、码头工人的妻子、落魄的老艺术家拍照，然后把这些巨幅肖像照片粘贴到房屋、谷仓、通道、集装箱上。

画挂上去的那天，李安伟抱着孙子，有说有笑地跟围观的人聊天。头顶的黑白照片里，四十年前的自己手插在裤兜里，羞涩紧张地盯着镜头。

艺术家是日常生活的“闯入者”，“在日常经验断裂的地方会有审美的发生”。这时候，焦兴涛觉得自己像极了一根“针”。

皮夹克

焦兴涛放弃了购买那台水冷的铃木250摩托车的念头，最终买了一辆奔驰280。

雕塑家焦兴涛曾经挣了不少钱，这个故事如今听来像是一位雕塑家的史前史，或者说更像是中国当代雕塑的史前史。

“1992 年，又是一个春天，有一位老人在中国的南海边写下诗篇……”这首语调缱绻的诗篇，当年对于焦兴涛和他的同学来说，像嘹亮的号角。

当时焦兴涛跟着同学去做“西游宫”，那是 1990 年代最流行的一种布满“声光电”的主题公园，因为大多是当时走红的电视剧《西游记》场景的复刻，所以取名“西游宫”。裹着薄薄的釉胎，设色俗艳的蜘蛛精、孙悟空们在门口似笑非笑地招徕着顾客。灯光摇曳的洞府，长长的舌头里塞满了 LED 灯管的黑白无常，成了很多县城孩子的童年阴影。焦兴涛和他的同学却从中挣了不少钱。

那一年，川美的美术教育系毕业生向理做了人生第一件公共雕塑，宜宾五粮液酒厂 50 米高的“奋进塔”，这是 200 万的大项目，要求 40 天内安放完毕，当时没人敢接，26 岁的向理接了。在重庆赶着做完后，向理找来一辆大挂车，一路押车跟着，路过隧道时，雕塑太高过不去，情急之下，他让师傅把所有轮胎放气，降低高度，擦着隧道顶子穿过去。

现在中央电视台天气预报的片头里还可以看到这尊建筑，这是那个时代留下的一张快照。不久之后，一幢幢新起的高楼生猛地拱出土地，将原本的低矮破旧重新切割覆盖，笔直的线条在城市上犁出了巨大的留白。彼时，中国的城市管理者在规划图前发呆，他们开始意识到，高楼间光秃秃的绿地需要城市雕塑的点缀。城市变成一片巨大的画纸，等待着焦兴涛、向理们去泼墨。

“那几年，豪情万丈的崽儿，怀揣雕塑刀，走南闯北，指哪打哪，爬高上低，仗着活好手快，领导交口称赞，老板皆大欢喜。”焦兴涛给这些城市雕塑的“小稿”起了个统一的名字——“菜雕”。

也就是那时，焦兴涛身上的旧货西装变成了昂贵的皮夹克。1992 年 2 月的一天，焦兴涛和同学去大足宝顶山石刻游玩，留下了一张合影，合影里，除了全班唯一一位女生，其他人都穿上了皮夹克。

焦兴涛把脸埋进褶皱堆积的柔软皮质上，夹克刚上过油，貂油刺鼻的味道让人陶醉。皮夹克成了一种象征，焦兴涛感觉像是两股血管拧在了一起，里面灌满了金属和泥土。

临近毕业时，学校要求提交毕业创作。创作？这让焦兴涛犯了难，“怎样才算是郑重其事的雕塑创作而不是城市雕塑的‘小稿’呢？”做惯了那些城市上空巨大翻飞的抽象人体的焦兴涛，一下子失了分寸。

类似问题我也问过郭开红，他说，“以前主家订购家具，尺寸样式都有数，用粉笔在木头上磕个印，照着白线做。创作嘛，就是没有那条线，没有规格，没有尺寸”。

毕业那年，焦兴涛用玻璃钢复制了一个“自己”，把那个穿皮夹克的“自己”留在了那个时代。大学毕业时，同学们天南海北去挣钱，只有焦兴涛留下来读研究生，雕塑系空荡荡的只剩下他一个人，他感觉自己是为艺术而殉道的人。

当时，焦兴涛着了魔一样想买一台水冷的铃木 250 摩托车，“这念头像一块烧红的铁板，我就像铁板上面的鱼，油一样的欲望汩汩流出，滋滋作响”。这是个不小的梦想，那台车售价两万，而当时黄桷坪校区的房子每平米不到 1000 元。

在焦兴涛考上研究生的那个冬天，向理找他帮自己做公共雕塑。而这些雕塑让焦兴涛有了读完三年研究生的勇气，“还有学费”。

焦兴涛读书的那段时间，羊磴人谢小春从医专毕了业，娶了诊所老板的女儿，自己也操办了一家诊所，改革开放的大潮顺着羊磴河流了进来，他开了汽车配件店，赔了不少钱，后来又办了羊磴第一家加油站，生意起起伏伏，日子时好时坏，只是他觉得，生活似乎总少些什么。

相比之下，焦兴涛的生活固定单调，除了教学就是一门心思接活、做“菜雕”，在做雕塑放大时爬过最高的架子有 12 米高，没有防护与安全带，站在上面心颤悠悠。他也做过装修，从李家沱乘两个小时的车把一把电锤送到解放碑的另一个工地。

现在，焦兴涛早已脱掉了皮夹克，他穿着短裤 T 恤，趿着拖鞋走过羊磴街道，扬起尘土，他用重庆话跟老乡们打招呼，老乡们回敬以羊磴话。

夏天的羊磴燠热难耐，晚上，暑气翻滚上来，将人团团围住，焦兴涛脱掉那件上面印着“sculpture”的 T 恤衫，拎着一桶水上二楼露台，一张张凉席铺在水泥地面上，焦兴涛一盆水泼上去，趁着片刻的凉意，羊磴合作社的艺术家一字躺开，“快看，那是银河！”艺术家自豪地指给一个外乡人看。

焦兴涛的那些同学如今大都做了职业艺术家或者高校老师，找到了属于自己的风格和流派，早就脱掉了皮夹克，换上西服或者唐装，周旋于画廊和艺术馆之间。只剩一个同学，还在四处找着雕像放大的活，这样的活现在不好找，他忙忙碌碌地全国各地跑，“固执地拒绝跟那个时代挥别”。回来的车上，焦兴涛望着窗外风景说。

鞭炮炸开，几个孩子围在宣传栏前，打量那张 A4 纸打印的人像。海报里的人穿着考究，深色衬衣外面罩着一件黑色短呢大衣，戴了一顶灰色毡帽。大家新鲜这是谁，定睛观瞧，“这不是老郭吗！”

打家具的郭师傅果然有了点艺术家的意思。他斜立在两把“法官椅”之前，椅子上放着两件雕塑，“勇敢的女人”是一个独腿女人的雕塑，“美人鱼”有着光洁的木头鱼身，下半部是女体造型，模样像《山海经》里的异兽。

几个艺术家交头接耳一番，很快决定了展览的名字，就叫“郭开红”，这或许是焦兴涛确定展览题目最快的一次。要知道，取名字或许是整个艺术生产链条里最困难的部分。在艺术评论家威尔·贡培兹[1]供职于伦敦泰特美术馆的七年中，有六年半的时间都在谈论展览可能会使用的标题。

对郭师傅来说，这是件天大的事，就像婚丧嫁娶，一辈子可能就一回。展览前，他请先生用黑笔在红纸上写下“郭开红”三个大字，悬在“小春堂”。他郑重地在街上引燃一串火炮，随后进展厅点燃香蜡，插进一个无头带胸的香炉里，那也是他的作品，再下河坝把更长的一段鞭炮点燃，噼啪震耳的爆炸声响起，“在羊蹬午后的光景上猛地切了一刀，生活便有了痕迹和意义”。焦兴涛说。

展览和农村任何一场哄闹的公事无二，孩子们拥挤在“小春堂”，又看又摸，人走了，留下一地瓜子壳。

---

1 威尔·贡培兹（Will Gompertz, 1965— ），艺术评论家，著有《现代艺术150年：一个未完成的故事》。

郭师傅把自己做的五根手杖，用渔线挂成一排，晃晃悠悠，像一排帘子。中间一根柱头雕着一个戴礼帽的男人，小春管它叫“瓦尔特在羊蹬”。

除了在羊磴，展览《郭开红》在重庆的 LP 艺术空间也办过一场，这跟在羊磴乱哄哄满是瓜子壳的展览不同。那天来了不少艺术家，郭师傅也像一个艺术家一样接受掌声和赞美，美美的。再后来，有人竟然提出要买他的作品，价格令他瞠目，老郭又高兴又惶恐。

他问焦兴涛，自己的东西应该怎么定价？

这是个复杂又真实的问题。

画廊、美术馆、博览会、拍卖会，画廊主、批评家、策展人、美术馆长、收藏家等结成的链条将焦兴涛死死捆住，不论他怎么处心积虑构想新的东西，绝大多数都会在这个框架之中，他对现有艺术体制充满倦怠，他的手又被死死攥住，这也是他来到羊磴的原因。

“美国人曾经做过一个职业排名，你们知道艺术家排名多少吗？”每年新生入校，身为四川美术学院副院长的焦兴涛都会给新生训话，台下一脸茫然，他脸上挂着狡黠的笑容。“99 位。”他又说，“更让人绝望的是，第 100 位是乞丐。”

不过，这些故事焦兴涛并没有讲给郭师傅听，他不想给这种自发自觉的艺术创作套上残酷艺术商业法则的枷锁。

焦兴涛在读研究生的时候，德国人冯克鬼使神差地闯进川美，开始了他的学习，他会修理教室里面任何出现问题的东西，日光灯、取暖炉、转台、门窗、藤椅。在德国的时候，每周日他会拿出纸笔，写下这周生活所需开销，计算一下做几天工可以挣到这些钱，如果需要三天，那么剩下四天就回到工作室做他的雕塑或者舞台设计。

如果有一天，冯克的作品在画廊展览出售，他就可以成为一名职业艺术家了。

那时焦兴涛想，这可真是一件难事。

坚硬如水

羊磴山上多了一尊雕塑，这是焦兴涛来了以后的变化。

在羊磴，焦兴涛首先学会的是接受日常的失败。

2014 年前后，羊磴为了推广经济作物并配合旅游开发，根据当地的气候条件，开始大面积种植向日葵。

杨俊豪坐着小中巴来到羊磴时候，艺术家已经回到了重庆。大部分时候，他们像候鸟一样在重庆和羊磴之间迁徙，这位来自武汉当代艺术小组“咔 CD 乐队”的艺术家，像是闯进了主人未落锁的庭院。

艺术家不在的羊磴有什么不同呢？坐在羊磴吊桥的长短脚凳子上，杨俊豪想着。

这些凳腿一高一低的长凳，是焦兴涛几年前带着木工合作社的木工根据桥上阶梯高度设计的，焦兴涛原本想居民就算拿回家也用不了，以此保全这些长凳的公共性。几年之后，这排长相奇特的长凳大部分不知踪迹，只剩下了杨俊豪屁股下的最后一把。桥上人丁稀疏，杨俊豪有些悻悻然。他转过身子，背后的夕阳染红了羊磴河。呀！真美！

来之前，杨俊豪做好了功课，像游客一样到羊磴四处打卡，却发现这是一场处处碰壁的“祛魅”之旅。杨俊豪并没有找到焦兴涛在“一席”里讲到的“冯豆花美术馆”，这家豆花店的老板娘把桌上艺术家留下的雕塑铲掉了，把这里改名“叶家豆花饭”。

《脸庞，村庄》中，两位导演和他们的团队好不容易将已故摄影师盖·伯丁（Guy Bourdin）的巨幅画像贴在了地堡上。“第二天一早，我们过去看时，潮水洗涮掉了照片，转瞬即逝……照片消失了，我们也将消失。”阿涅斯的画外音在风沙中悬若游丝地响起。

羊磴河常有顽童溺水事件发生，若是以前，羊磴人会在出事地摆放一个表情诡谲的金色石敢当小人，用来挡凶化煞。如今的羊磴人对这种金色小人已经不感冒了。艺术家们把高速路上随处可见的玻璃钢人像搬到了河中心，它们成了新时代羊磴的“石敢当”。

作家阎连科写过一本小说《坚硬如水》，生活就是一把如水钢刀，铲掉艺术的丝丝蔓蔓。同样被这把刀铲掉的，还有一些温热的记忆。

20世纪80年代，羊磴河还是通往重庆的水路要道，船民用木板拦河蓄水，船舶在其下等候，将木板抽取后快速放水，成批船只乘水势下行，既可增加载量，又可增加航速。随着水运的没落，整个羊磴也黯淡了下去。大江大河流淌而去，船工号子声调渐远，迎来了漂流皮艇，一切似乎并没有什么不同。一场暴雨过后，羊磴河河面浑黄，蜿蜒而流的漂流筏里，背着黄色救生衣的外地客们莺歌燕晓，太阳将河水烤得温热，赤裸的孩子扑通通下水。唯一不同的是河边多了一个小春，脱个光膀子对着河岸“写生”。

如果收藏家来到羊磴，大概会觉得索然无味，这里没有什么值得购买和收藏的艺术品，小春的“年代画”笔力粗糙，像是未经专业训练的初中生习作，更为重要的是，这些作品作为艺术品的寿命是短暂的，刚刚萌发便告夭折。

在羊磴艺术合作社里，之前做的作品被随意丢在角落，我们吃饭坐的木墩都是木工合作社的作品。小春最终也没能保住他的艺术根雕，老婆把它们劈了当柴火烧。艺术是一次性的，挥发性的，就像杀得嗓子发麻的苞谷酒一样，一夜酒醉之后，剩下的只有那宿醉带来的晕眩感。

两个烧饭阿姨臊红了脸，她们神秘兮兮地向我展示了手机里的一段视频：女艺术家趴在河滩上，流水拂过……过段时间，焦兴涛他们做的艺术作品就在羊磴消失了，但它们以另外一种形式被保存了下来，被保存下来的不是影像本身，而是那种混合着猎奇、期待、不解和一点点鄙夷的神情，跟大家匪夷所思地盯着艺术馆里的现代艺术时并没有什么不同。但是在羊磴，乡村的丰富性也确然给了合作社足够的缝隙，让艺术任性生长。在城市里，每一项出格的举动会面临重重质疑，最终演变成相互间的矛盾。在羊磴，大家会停下手中的活驻耳倾听，然后报以慷慨的困惑或者嘲笑。

尽管这样，它依旧隐藏着一种固有风险，恢复乡村介入式艺术的每一次努力，都必然走向艺术平民化的反面，带着一种精英的改造冲动。在南卡罗来纳州格林维尔（Greenville）的一场关于公共艺术的国际会议上，周彦华把羊磴艺术合作社计划介绍给了西方的艺术研究者，在70年代的大地艺术、希腊后萧条时期街头表演和活动、俄罗斯的Pussy Riot女性艺术小组等诸多项目中间，羊磴计划显得孱弱又没有野心。它的行动逻辑没有强烈的指向，它笃信的“顺势而为，即时反应，无界共处，持之以恒”，更像艺术家的自问自答。

“作为一项公共艺术项目，它的公共性在哪里？”索邦大学比较文学系教授弗朗索瓦女士对羊磴计划提出了质疑，她不断地追问周彦华，“关键在于，羊磴项目最终的目的是否是指向公共的，它真正给当地居民带来了什么？”

五年的时间，艺术家搅动了这里，大家热闹快活；艺术家不在的日子，这里又恢复了平静，似乎雁过无痕。

在一次赶场时，艺术家们策划了“找艺人”的活动，在羊磴的语境下，艺人是那些身怀绝艺又脱离常规的人。小时候，娄金躲在柴堆后用柴刀雕刻玩具的时候，妈妈厉声，“你勒个艺人（异人），还不去砍柴！”

他们找到了令狐昌元。这个拥有大侠一样名字的年轻人住在离羊磴镇 40 分钟车程的山上老宅里，在镇西边开了一家补车胎店。平时，他跟过往的大车打交道，补着跟自己个子差不多高的巨大轮胎。不管多晚，他接到电话就出去补胎。但是每次羊磴艺术合作社有活动，他都会穿上尖头皮鞋、白衬衫出现，他喜欢画画，把自己在广州打工时留下来的被面裁下来做成卷轴，在上面作画。他也喜欢写诗，在羊磴留下了一筐韵脚规整的打油诗。

杨俊豪说：“要我说啊，日常生活就是大米饭，艺术就是老干妈，光吃大米饭管饱，但是不够味，老干妈是好吃啊，但没见过谁不吃大米饭天天吃老干妈的。”

看了一圈，杨俊豪有些失落。小春看出了杨俊豪的神色，跟他说：“你来现场看，跟网上看的感觉不太一样吧。其实羊磴没什么可看的，没什么好玩的，也就是那样，但是网上放的那些东西又不是假的，都是曾经真的做过的。”

2016 年夏天，羊磴遭遇了一场大洪水，洪水退去，艺术家用上游冲下来的石头在河滩上摆了一个大大的问号。焦兴涛想，在洪水时常光顾的羊磴，或许过不了多久，又会有一场洪水将它从河滩抹去。

两年过去，洪水还没有来，这个问号留了下来，成了艺术家来过的足迹。

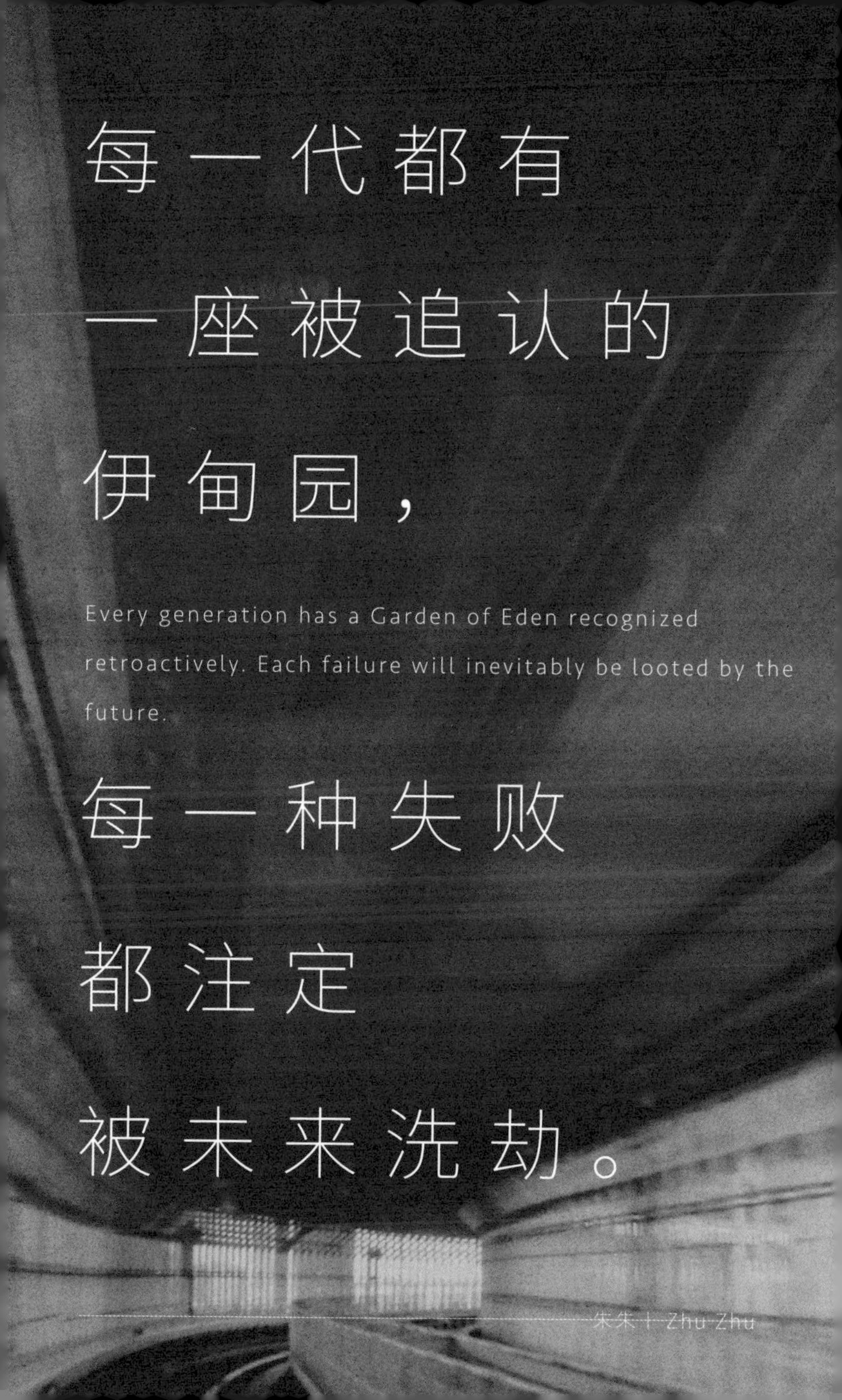

每一代都有
一座被追认的
伊甸园，

Every generation has a Garden of Eden recognized retroactively. Each failure will inevitably be looted by the future.

每一种失败
都注定
被未来洗劫。

朱朱 | Zhu Zhu

评论

“你必须坐到椅子里，和那种空白搏斗。不要离开你的书桌。不要抛弃你的房间。不要出门去付水费电费。不要洗碗。不要去看一眼报纸的体育版面。不要拆信。在你确认自己战斗过、努力过之前，不要以任何方式让自己分心。”

On 写作课

撰文　陈以侃

还有哪个能赚得到钱的产业在营销上比“写作课”更自甘堕落的吗？最近又有两本教程被翻成中文，一本是科伦·麦凯恩（Colum McCann）的《给青年作家的信》（*Letters to a Young Writer*），另一本是约翰·麦克菲（John McPhee）的 *Draft No.4*，《第四稿》，译本的书名改了改，叫《写作这门手艺：普林斯顿大学写作课》。我是此类产品的重度用户，但每次学完都会发现那个悬而未决的核心问题还是安然无恙悬在那里：写作到底能不能教？听老师们自己的说法，只让你恍惚是他还是你正在做公益。麦凯恩在纽约市立大学教了二十年创意写作，每次开学上来就要告诉学生：我什么都教不了你们。麦克菲老先生在普林斯顿教了四十年“创意非虚构”，学生里有过《纽约客》现任主编大卫·雷姆尼克（David Remnick）和我们都熟悉的何伟（Peter Hessler），但他接受采访时极度真诚地告诉你，他教的那种写作其实是没法教的；雷姆尼克要是没有听说过麦克菲，从来不知道普林斯顿有这么一门课，他还是会成为《纽约客》的主编。当然了，他们谦虚、不居功，而且本来就是功成名就之后回馈人民，把这些和其他因素都考虑在内，你终究还是很难想出有另外哪个行当的从业人员这么喜欢宣传自己的"没用"。

另外，我们铭记于心的还有王尔德（Oscar Wilde）那句"一切值得学习的东西都是不能教的"，既然众所周知王尔德说话从来不错，那对于我们这些执着于把时间和金钱交给写作老师的人，留下的空间就很小了，或许只能努力寻找一些狡猾的表述方式，探讨写作课里"学习"和"教授"的到底是什么？

麦克菲是美国"长报道界"的一代宗师，用雷姆尼克的话来说，他已经优秀到高出了所有人的妒忌。这本书里最迷人的段落可能是他描述如何把考察、采访、阅读、思考得来的遮天蔽日的笔记都用打字机誊抄出来，然后把每条笔记用剪刀裁剪成纸条。他的文章动辄好几万字，如果一篇文章或者一本书的结构可以分成三十个部分，他就把那些笔记纸条分成三十堆，装进三十个文件夹里。每天要坐下来产字的时候，只倒出一个文件夹的内容，把纸条像阶梯一样排序，所以他在动笔时永远只需要面对很小一部分的材料。2010 年《巴黎评论》对他进行的访谈就是何伟做的，麦克菲讲了自己的这套操作，学生很得体地向老师请教："这样会不会带来某种危险，就是让写作变得'机械'（mechanical）？"这本书里麦克菲就自问自答了："这个过程听起来或许有些机械，但是它的效果却是相反的。"他说，正因为你只打开了一个文件夹，就把其余那二十九个文件夹置之脑后，你不再担心结构的问题，你被解放了，可以自在地创造那些发生在你和键盘之间的东西，那种"即兴感"来自写作本身，来自遣词造句，来自你试图"讲故事"。所以，王尔德又在乱说了吧，很难想象哪届普林斯顿写作课上的学生不会从这样的教学中获益。

这让我想起近几年最让我获益的写作建议（从结果看，至少是最让我自己满心鼓舞的建议），来自另一个以写作范围宽广、材料吞吐海量著称的《纽约客》作家亚当·戈普尼克（Adam Gopnik），他说，你觉得自己写不出来，就要把写作变成体力活：换算成坐多少个钟头、看多少材料、写多少个字，努力完成它，你会发现脑子比之前聪明，到时就写出来了。

科伦·麦凯恩有一封"给青年作家的信"讲的是差不多的意思，只是东海岸犹太学人的勤奋好学换成了爱尔兰人漫不经心的英雄气概：

"别让空白稿纸的恐怖收缩你的思想。说自己遇到'writer's block'（写作障碍）这种借口太容易了。你必须坐到椅子里，和那种空白搏斗。不要离开你的书桌。不要抛弃你的房间。不要出门去付水费电费。不要洗碗。不要去看一眼报纸的体育版面。不要拆信。在你确认自己战斗过、努力过之前，不要以任何方式让自己分心。

“作家是那个最不想把屁股放进椅子里的时候还把屁股放进椅子里的人。”

这恐怕也是麦凯恩这本书里我觉得最受用的一封信了，我就像到什么样的饭店都点同样的菜一样，在挑书时毫无新意。我要讲的道理正往哪个方向去估计也很明朗了：爱看作家展示手艺，其中我最想占为己有的，大概不是“怎样写作”本身，而是“怎样开始写作”。首先，一种让人瘫软的自我怀疑是一个作家真正的标志。就像麦克菲在书里写的，学生问，老觉得自己想当作家是“who am I kidding”（逗谁呐）；麦克菲说：“第一次这么问自己是四十年前了……有时候这个问题是如此迫切，我会把头埋进办公室的枕头里……感受到这样的怀疑是整件事必要的一个方面——既重要也无法逃避。每次我听到年轻的作家表达类似疑虑，往往就可以认为他们通过了某种测试；要是他们从来不说类似的话，那么，他们很可能——好吧，就是这句话——在‘逗自己’。”在我看来，一个老师能传达给学生的是一种幻觉，让这个学生觉得自己也能写；写起来，一直写下去，然后在写的过程中进行自我教育。不要看不起这种幻觉，它在文艺创作中是最珍贵的资源。麦凯恩在那封“把屁股放进椅子里”的信中到结尾处写道：“Just keep your arse in the chair. Arse in the chair. Arse in the chair.”（反正就给我坐下，不要起身，不要起身。）“Stare the blank page down”，（瞪着那张白纸，让它先怕你）这样像念咒一般的指令感觉很对，因为我们都需要这样的话。麦克菲和麦凯恩在这两本书里的那些动员我收得很感激，但我毫不怀疑每天早上他们也是这样告诉自己的。比方说，麦克菲这样的大宗师，在全美的叫好声中一个又一个地碾碎各种凶悍的主题，但你要是觉得他一定掌握了写作这件事的门道，那你不妨先听一下他是如何描述自己的工作日的：

“可能听上去我有自己的写作套路，照着这个来就行了。天呐，根本不是！你完全是孤立无援的，你要做的只是写作。是这样，现在是早上九点，我唯一要做的事情就是写作。但好几个小时过去了，我一个字儿都写不出来。我就泡茶。真的，我有时候从早到晚就只泡茶了。还有锻炼，我每两天会锻炼一次。过去还削铅笔，我的铅笔都是被我削没的。十点，十一点，十二点，一点，两点，三点，四点——每天都是这样，真的是几乎每天都这样。到了四点半，我开始慌了，就像一个弹簧被压到底了。我非常痛苦。可不是吗，再这样下去这一天都白过了。五点的时候我会开始写，到七点，我下班回家。就是这样不停地重复，重复。为什么我不去银行上班，然后五点回来开始写呢？因为我需要那七小时的晃荡。我就是没那么自律。每天上午我其实没有写作——我只是试图写作。”

那种幻觉最鼓舞人的地方是让你知道写作永远会是这样一件无比艰难的事，但一个写作者会挺过来的，而且会在这个过程中尝到某种东西，让你不断回去受煎熬。写作会成为这样一件几乎不可能完成的事，是由这件事的本质决定的：在挑选每一个词，搭起每一个句子的时候，你都在面对无限种可能，而每一次键盘敲下去的时候，你都要说服自己，那是正确的决定——“我算是个什么东西，凭什么写作，逗谁呢？”这种“无法完成”也就是它的“无法教授”：你要时刻依靠自己的感知力去下判断、做决定。这种感知力是靠长年的阅读和写作塑造的，一个好的老师能做的只是让你相信不断的阅读和写作能让你塑造这样的感知力；他有时候能给你的某几个决定打分，但下次还是你自己“孤立无援”地做无数决定，难如登天。

所以麦克菲说“教不了”，既然非虚构写作的大师都死去活来的，至少我们不应该期待有什么秘诀能一下把我们点化成好作家。就像麦克菲说的，作家的成长是很慢的，这件事对一个教孩子写作的老师无比重要。麦克菲说自己的主题是“真实环境中的真实人生”；其实里面还有重点，在我看来，他着迷的是那些有专长的人，而因为他喜欢体育、喜欢户外，所以这种专长往往会转化成一种神秘的身体经验。比如他给《纽约客》写的第一篇稿子就是将近两万单词的人物特写，写的是普林斯顿大学的篮球明星比尔·布拉德利（Bill Bradley）；这人后来还打了 NBA、选过总统。麦克菲当时就跟着他，看他每天干些什么。当时普林斯顿的体育馆换地板，他就去了另外一个球场练习，上去连投六个中投都投失了，麦克菲就看他停下来想了想，接下去连中四球。布拉德利转过来跟他说："你知道吗，这篮筐低了一英寸半。"麦克菲过了几个礼拜找了梯子和尺去量，发现这篮筐比正常高度矮了一英寸又八分之一。这是一个不错的关于写作的比喻，一个老师可以告诉你一门手艺可以练到这个程度，甚至展示给你看，但你内功不到只学招式是会被人打死的。《写作这门手艺》这本书的重点自然不是吓唬你，告诉你写作多难，比较显眼的还是麦克菲对结构的执念，他会手绘很多华丽的示意图，展现一篇长报道的内在逻辑，但他还是要提醒你，这些结构都是长久浸泡材料之后自然生长出来的（原话是"我读那些笔记读到它们从我耳朵里流出来"），其实就是老师摊手，告诉你有这些可能性，但你自己的书和文章长成什么样，还是自身的造化。

另一个关于写作教学的比喻是编辑。《写作这门手艺》肯定是我读麦克菲最开心的一次，他的很多作品都太专业了（写环保、写运煤、写核反应、写阿拉斯加，写到菜市场当过秤员，还有一整本书写橘子），往往让你佩服到麻木；他写北美地质学的四本书我也试过，实在太考验读者，显然我在坚毅、好奇心和词汇量上都还不具备享受这些书的资格，但如果他能让阿拉斯加冰雪中的一头熊成为美国文学的经典，想想看他写《纽约客》的主编能如何的栩栩如生。这本书里那些关于写作的周边特别珍贵，比如威廉·肖恩（William Shawn）跟他改稿子，一个逗号一个逗号地磨，后来麦克菲实在忍不住，说："肖恩先生，这么大一个帝国要靠你维持，周末还有杂志要下印刷厂，你怎么会有空只给一个作者这么细地改稿子？"肖恩先生说："一篇稿子该花多少时间就花多少时间。（It takes as long as it takes.）"

麦克菲说自己当写作老师其实就是当编辑，作者都是独一无二的，你是要帮他们更有效率地表达自我。麦克菲出了名地爱查字典，最喜欢的书是第二版《韦氏大词典》；学生回忆，在他办公室讨论稿子，记忆最深刻的就是说着说着他就让你跟着他移步到摆字典的地方，查一通再回来。这也是为什么这本书叫"第四稿"，是因为只有到了修饰字词阶段，他才觉得是愉快的，经验才发挥作用。他说甚至到了第二稿快改完的时候，虽然安心了一些，但也不过是确定"能活到下个月月中了"。所以说编辑和老师不能创造作家，一切都要看你自己能否挺到第二稿结束，在那之前别人很难帮到你。

当然所有写作的人都愿意相信有那么一两条文学信仰在某个时间点重建了我们的灵魂，然后我们把它们贴在书桌上方照耀我们好几十年的写作。比如麦凯恩那本书里面，每一封“给青年作家的信”开头，他都放上一句自己喜欢的名人名言。但问题就在于，这些美学准则或是文学理念都是些很柔软的东西，每次要用的时候就不负责任地千姿百态起来。任何伟大光明正确的指导意见，我们都有办法照着它练到走火入魔。比如，我的人生是由痴迷亨利·詹姆斯（Henry James）和异常粗俗的生活这两种时期交替构成的，几年前吧，病入膏肓的时候，就在博客甚至微博写那种六七层从句互相踩踏的怪物英文，每次都有一位不相识的女士在下面留言，痛心疾首地喊：句子要短！句子要短！句子要短！显然那种熟悉的好英文无长句的信念让她变得盲目，无法看出我的英文句子不是坏在它句子长，而是坏在它写得烂——但这不是重点，重点在于，当我们真的在第一线选字、构词、造句，连成段落、篇章的时候，那些我们自以为正在践行的了不起的文学理念，很可能只是一些朦胧听来的跟自己趣味相投的误会。

就拿这种强调删减和朴质的“创意写作班”美学来说，我们很多人都抄过詹姆斯·鲍德温（James Baldwin）

的一段话："改文章是非常痛苦的。只有当你对它什么都做不了的时候才算结束，虽然它从来也不会是你之前期待的样子。……世上最难的事情是简洁；这也是最让人惧怕的事情。更难的是，你要把你所有的伪装剥除，有些你之前甚至不知道是你的伪装。你要写的句子得干净得像一根骨头。那是写作的目标。"首先，同为Jamesian——詹家门下走狗（鲍德温说他最喜欢的作家居然是亨利·詹姆斯），鲍德温的句子从来不会让你觉得像根骨头，更多的时候复杂又缠绵得像是意中人那一声烟雾缭绕的"Yes"；所以，鲍德温这句话的"干净"显然指的是"所有好的文字都干净"里的那个"干净"。其次，"当你对它什么都做不了的时候""把你所有的伪装剥除"这些话也没有什么实用性，功能接近"加油""请你尽力"，我们的问题不就在于拼死拼活写忠于自己的东西但觉得自己不行，早已弹尽粮绝又永远觉得它没"结束"吗？

但那种让你写东西像"骨头"的鬼话依旧很迷人啊。如果你喜欢詹姆斯·鲍德温的文风，很不合情理的，你会觉得这个人认为自己的句子像干净的骨头是件很美妙的事情。我们热衷于看那些我们喜欢的作家聊写作，其实乐趣还是在于读那些我们喜欢的作家的作品，能在文学观上获得某种共鸣是很深层的快感。最近乔纳森·弗兰岑（Jonathan Franzen）出了本文集，我带着一种不怀好意的兴致勃勃重温了那一页“小说家的十条规则”。这其实是2010年，埃尔默·莱纳德（Elmore Leonard）出了本书叫《写作的十条规则》（*10 Rules of Writing*），《卫报》的编辑很会借题目，就请了不少作家都来制定“十条规则”。当时网上有很多人跟我一样读得很投入，但最起码弗兰岑肯定不是让我奔走相告的那个。美国评论家丹尼尔·门德尔松（Daniel Mendelsohn）以前下过一句摧心裂肺的评断，说弗兰岑展露出“the fundamental failure of genuine good humour”，还不太好翻，似乎还不是从根本上没有幽默感，而是一个人永远陷在自己故作深沉的愤愤不平中，已经分辨不出什么有意思了。比如，他的小说家十诫里面，说一句“工作地点没有断网的作家恐怕从来没有写出过好的小说”，是可以接受的，毕竟他是一个著名的与当代社会为敌的人，但要在这样的体裁里发表这样的评论——“最纯粹的自传体小说需要最纯粹的虚构；还没有人写过比《变形记》更自传体的故事。”——就是眼看着他试图轻盈（good humour 的另一种译法？）却笨拙到让人同情。他的最后一条是“you have to love before you can be relentless”，“你只有爱过才能严苛？残忍？不留情面？”。但不管如何理解，这不仅是莫名其妙的写作建议，而且这种慈眉善目是如此的空洞，也让它沦为错误的道理和糟糕的文句。但话说回来，或许喜欢弗兰岑的人觉得这两句也没那么不堪，而我的本意也就是，你能吸取某些写作指导是因为你一开始就认同那位老师自己的文学。

这回又把那些作家给的“十条规则”过了一遍，有些还是很适合抄下来供日后开采的。安妮·恩莱特（Anne Enright）：写一本书的方法是真的去写一本书；钢笔是很有用的，打字也不错；坚持把字放到纸面上去。海伦·辛普森（Helen Simpson）只给出一条：要说可以贴到书桌上方的规则，我认为最接近的只有福楼拜的 Faire et se taire——我自己翻成“闭上嘴，继续干活”。这些能量胶囊我知道将来一定可以用得着。但如果只说读得高兴，这次最喜欢的还是那些近十年来我越读越认同的作家，像扎迪·史密斯（Zadie Smith）、科伦·托宾（Colm Tóibín）、杰夫·戴尔（Geoff Dyer），他们都有一种大方的自我消解：既然相熟的编辑给了这样的题目，那就不妨一答，但既然写作没有规则，那作为一个好作家就要在立法的同时优雅地闪避这样的责任。比如，2010 年的时候我恐怕还没有读过杰夫·戴尔的书，但那十条规则就很让人动心：三，不要当那种像服刑一样一辈子吹捧纳博科夫的作家。（毫无缘由地审判了马丁·艾米斯［Martin Amis］的人生。）五，记日记；我的写作生涯最大的遗憾就是我从来没有做笔记和写日记的习惯。九，每天都要写；把你观察到的事物变成文字，养成习惯之后就会成为一种本能；

这是所有规则中最重要的一条，自然而然的，我没有遵守。

科伦·麦凯恩和杰夫·戴尔有很像的一面，都满世界跑，对未知有种天真和不懈的好奇，然后一次次出乎意料地为读者唤起日常生活之外的体验；但他们也很不一样，对于戴尔来说，那种作家带着羞愧、沉溺和自嘲的“内向性”是他的源泉，但麦凯恩一直是朝外的，热烈、慷慨，有种很坚韧的乐观和豁达，能感染人。前面提到写作需要“假象”，读他这些“给青年作家的信”，麦凯恩是如此相信写作这件事，那种热忱能让你误以为自己写了也会这么高兴；但鼓动你英勇和决绝地写作是一回事，麦凯恩这么好的作家自然也知道它有另外一面。因为他的小说不写自己，所以他告诫小说家“不要写你自己，不要写你父亲的伤心事。不要利用你女朋友的身体。不要从某些人所谓的‘真人真事’中取材”。我们应该不需要再引一些别的小说家来展示相反的立场了。麦凯恩自己接下来也说：“当然有很多明显的例外。或许你是个记者。或许你是个社会历史学家。或许你是卡尔·奥韦·克瑙斯高（Karl Ove Knausgård）”——整本书都是这样：麦凯恩会故意神采飞扬地把话微微说过头，让你暗暗明白这件事情没那么简单。

小说为什么不要写你自己？麦凯恩的出发点在于小说是可以伤人的，你的至亲至爱可能因此受伤（和菲利普·罗斯［Philip Roth］那句“一个家庭里如果生了一个作家，那便是这个家庭的终结”放在一起听。）其实，虽然我很清楚是我的问题，但麦凯恩小说里的无私一直对我构成某种微小的障碍，有时候他的故事像是纯粹由对他人的欣赏构成的。就像有人要休·格兰特（Hugh Grant）评价茱莉娅·罗伯茨（Julia Roberts），他说这姑娘虽然国色天香，但嘴确实有点大，亲她的时候会听见回声；而麦凯恩的小说是如此开放和宽阔，有时候就像坐在一个很大的房间，虽然喝着热茶，但穿堂风吹得让人有些凉爽。还是那句话，听一个作家教写作，其实接收的都是他的性情和艺术。在这些“给青年作家的信”里面，流传最广的一封的标题是“Don't be a dick”，这可以说成“别老那么操蛋”，当然，陶立夏老师译成“别做混蛋”是非常合理而得体的。这封信写得如此乐在其中，还是值得大家去找来通读。信的最后一段，麦凯恩列举了二三十个 don'ts：不要一个人把红酒都喝完；不要在不能抽烟的地方抽烟；不要聊你签好的合同；不要提你新书的预付金是多少；不要叹气；不要打哈欠，等等等等。最后语重心长地落在：“反正就不要，不要，不要，不要做个 dick。”

说到 dick，以过来人的身份给有志于写作的青少年分享经验，麦凯恩这种温暖地当个好人的规劝，它的反面并不是弗兰岑那种微微有些反人类的一本正经，那种严肃毫无魅力可言，简直可以说仅仅是无害的——或许你没有听过约翰·贝里曼（John Berryman）的一句诗“里尔克是个混蛋”，或许你只是隐约听闻，是里尔克还是哪个大艺术家为人处事让人作呕，但你大概知道，在这个类型的文学里，最有名的一部作品是里尔克（Rainer Maria Rilke）的《给青年诗人的信》（*Letters to a Young Poet*），甚至你还可能认识过一两个把这本小书奉为圭臬、文艺到胸痛的“青年诗人”。作为写作老师，麦凯恩的反面是里尔克。这个奥地利人所要给学生营造的假象不是哄他写作，而是告诉他，你要成为一个作家，你得先培养一种诗人的气质、心态和居住环境才能写出好诗。当然麦凯恩那本书里上来就引里尔克——“只有一个办法，走入你的内心”，但就像我说的，一句话有千万种读法；我也一直喜欢里尔克的一句：“我一向认为两个人相处，这是他们的最高职责：保护对方的孤独”，但喜欢这句话得忽略里尔克的本意很可能是：两个人相处，你的最高职责就是保护我的孤独：作为人类当中最高级的一种人——诗人——我等待灵感的时候不要烦我。他的这本书上来的三个观点我都非常抵触：第一封信是说你如果没有因为写不出来而想死，那你就不要写了。第二封说，艺术家不要去反讽，在真正伟大、严肃的东西面前，它是很渺小的。第三封说，不要去读评论，它们要么是派系之争，要么是文字游戏，是艺术创造最大的敌人。在黑暗中犯错吧，这种发自内心的成长就像一棵树一样，艺术家是不计算时间的，一年十年都无所谓，它知道夏天一定会来。

我说过我是此类读物的重度用户，多年前为克里斯托弗·希钦斯（Christopher Hitchens）一本《给青年质疑者的信》（*Letters to a Young Contrarian*）神魂颠倒，就把里尔克那本找来看，读了前三封信有种四顾茫然的不快，直到这回才把它读完。必须承认里面也有些深邃、优美的段落，但大体上，还是沿着教年轻人苦心经营艺术家委屈形象这一条教学思路，让我觉得非常可疑，很怕有哪家的孩子被他耽误了。比如到了过年过节，里尔克问，你觉得更寂寞了吧，那你就回想自己还是孩子的时候，看大人都那么忙，无法理解，直到长大了才知道他们的生活是如此的贫瘠，他们的工作是如此的无趣，所以现在你也不妨就这么想吧。还比如，他的信中会说，"我就知道你讨厌上班，也没法安慰你，只能跟你说，或许所有的工作都这样，充满了各种要求和对个人的敌意"。但如果你知道他是如何满欧洲勾搭贵妇，去她们的名宅白吃白住，前面那句话就让人听着不太舒服。

里尔克当然是个混蛋，而艺术史有很大一部分是由混蛋创造的，这件事即使是一身正气的麦凯恩也不会瞒你，一边警告你不要混蛋，一边修饰，说你不用听虚长几岁的作家满口胡言，要你忘了那封信，把它撕碎，只管自己去写，写作本身会告诉你，它需要你成为怎样的一个人。这是对的，就像扎迪·史密斯在《卫报》的“十条规则”里写的一条：不要浪漫化你的“事业”，你要么写得出好句子，要么就写不出，没有所谓的“作家的生活方式”，唯一算数的是你留在纸上的东西。

写作建议读得越多，会越发感受到其中有条明显的分界，一边是去神秘化，清除毒素，教的其实是“非写作”，就是要你把这件事当成普通手艺，照常理去拆解，你就写得出来；另一面，是美学和文艺观的东西，是去不了神秘的，最多只能帮着一个乐此不疲的写作者写出他自己。

参考文献：

[1] 科伦·麦凯恩，《给青年作家的信》，陶立夏译，人民文学出版社，2018年。

[2] 约翰·麦克菲，《写作这门手艺：普林斯顿大学写作课》，李雪顺译，湖南文艺出版社，2018 年。

[3] 莱内·马利亚·里尔克，《给青年诗人的信》，冯至译，上海译文出版社，2005 年。

[4] John McPhee, “The Art of Nonfiction,” No.3, Interviewed by Peter Hessler, *Paris Review*, Issue 192, Spring, 2010.

[5] James Baldwin, “The Art of Fiction,” No. 78, Interviewed by Jordan Elgrably, *Paris Review*, Issue 91, Spring, 1984.

[6] “Ten Rules for Writing Fiction,” *The Guardian*, Sat. 20, Feb. 2010.

IF YOU

STOP THINKING,

YOU ARE

如果你停止了思考，你就不再成为人类了。

NO LONGER HUMAN.

——亚历山大·杜金 | Aleksandr Dugin

沉没的姜文

撰文　吴琦

[一]

没想过有一天会写姜文。因为他从来不算我最钟爱的导演（我们习惯了一说喜欢哪个导演就说几个外国人名），看他最受赞誉的那部《阳光灿烂的日子》时我还很懵懂，没有完全进入电影的世界，所以至今也不能体会那种铁粉的心情。也因为他几乎每一部电影都会引起知识界和大众范围内的热烈反应，好像只要是姜文出品，就能刺激大家说点什么，对创作者而言这挺幸运的，让我以为他是一位已经被充分讨论的电影人。

2018 年，《邪不压正》上映之前，看影片宣发格外努力，我以为大家对姜文的热情终于来到一个拐点，需要他自己使劲吆喝才能跟上时代了，结果随着影片上映，又一波议论开始了，在这个人人都能写五个字以上影评的年代，他再次成为热点。不管怎么说这都是一件好事情。这次我主动跟踪了讨论，早早看过电影，第一次感受到围绕着他的那些热度都像空心气球，没有焦点没有交锋没有厚度，并没有形成真正的讨论，于是开始理解为什么他是一位能够并且需要被讨论的中国导演，甚至没有之一，并且忍不住加入进来。

交代这一段前情是有意为之，也相当必要，不仅因为身边许多师长、朋友都曾对姜文及其作品发表意见，如果我提了什么不同看法很容易引起误会，更重要的是，我始终认为阅读电影不仅是一个外在的过程，它也内在于一个观看者自己经验、观念的变化，反思与共情能力的成长，以及这种成长与社会历史背景的交互关系。对自己的认知框架及其局限的认识，是认识一部电影的起点，也只有在这二者互为主体的共振中，才有可能生成真正的讨论，而且这种讨论的意义不需要投射到对一位导演、一部电影的认同或者否定，它最终指向自己。

［二］

对我来说，《邪不压正》里最关键的时刻是一声炮响，大屏幕全黑，打出四个大字，七七事变。那一幕像惊雷，照亮了整部电影的时空感觉，而且非常直接地携带着观看抗战纪录片和主旋律故事片的记忆。如同从小的历史教育、集体观看的爱国主义影片，这种语法属于强行点题，但人的本能是不会去主动接受和面对这些沉重的负担的，他们总是在回避自己的过去，尤其是那些脆弱的、失败的过去。换句话说，历史教育本身就是一个后天的、社会的、强制性的问题。其实影片一开头，朱潜龙和根本一郎背对着镜头在雪地里密谋，就已经提示我们这是一个关于血脉的故事，日本人要买他师父的地种鸦片，他师父质问他，怎么不在北海道种鸦片？本来由凯文·史派西（Kevin Spacey）饰演的美国代理人开头也是这么告诉李天然的，你要帮助的不是别人，是日本人的敌人。这些暗示都是真实的历史背景在虚假的电影屏幕上的具体显影，也是视听语言特有的铺垫，不是可有可无的点缀（而在原著中，李天然历史化的程度甚至比电影更深，他非常主动地选择了烧鸦片仓库和教训与私仇无关的日本人）。这些铺垫最终在“七七事变”这四个大字上爆发，就像经年累月的社会冲突、矛盾会在个别事件上爆发，最终改写历史。

这也是故事的转折点。蓝青峰彻底失去了对局势的控制，而李天然成为行动的主体，而且不仅仅是他，电影里其他人物在那之后也二度复活，开启了全然不同的悲壮的生命体验。巧红和她的秘密敢死队全部现身了，潘公公成为牺牲品，站着死了，蓝青峰家的女管家挺身而出，昂着头被击毙，临终像一株向日葵，连朱潜龙都感叹，平时她就这么勇敢吗？妩媚的唐凤仪也被安排了一个充满勇气的结局，在日军进城的时刻，微笑着从城门上跳下去，这难道不比冯小刚、严歌苓作品里那些眼里只有自己的女性更有尊严？

说到这里，我觉得姜文有一处地方处理得不够恰当，或者说他这种性情的创作者根本无从处理这个问题，那就是恐惧。在故事线中，李天然和巧红被设定成互相启发和激励的关系，他们要一起克服自己内心的犹豫和胆怯，但两人从头到尾都眼神坚定，能力惊人，连子弹都不怕，还有从天上掉钱的“神秘”力量加持，加上整部电影的荒诞气质，这种恐惧只出现在台词里，而没有其他证据来支撑。除了一处，巧红的跛脚被李天然治好，慢慢康复（这是一个多么激进的性别进步符号啊，平日最爱蹭热点的女权主义者们好像无视了这一点）。所以在电影层面，我没有感受到李天然十五年来的恐惧，只感到了他的仇恨与决心，因此也不觉得他们两人逐渐获得勇气、建立起革命爱情是一个渐变的过程，或者说这种个人的恐惧最终只能在集体的恐惧感中获得理解？

一切还是要回到历史，回到具体的时间——1937 年的北京，我们大多数人都不曾经历甚至难以想象的北平。即便在大家都说姜文把它改得面目全非的原著《侠隐》当中，这个背景也至关重要，几乎占了半本书的篇幅。作者张北海写的正是温柔浪漫的旧北平，如何在硝烟中破灭。书里面马大夫说："我记得你提过你师父几句话，什么'行侠仗义'，什么'平天下之不平'……这在你师父那个时代，还说得过去，可是……今天，日本人都打过来了。"只不过用的是文学的方法，展开的是原著作者回望过去的性情。

姜文给这个故事装满的历史叙事和核心关怀，与《侠隐》不同的地方在于，它是现在时或者未来时，不把一切都当作逝去，它本质上和《阳光灿烂的日子》《鬼子来了》《太阳照常升起》以及整个民国三部曲在同一条脉络里。导演的水准或有起伏，但从未变线，甚至越来越清晰，而且在这个序列里，《邪不压正》也是一座具有转折性的分水岭，他直接、系统地用电影这种媒介处理完了革命之前的历史，而"革命之后"的问题将比这个更复杂和困难，他还会继续往前吗？如何往前？

我最初以为，当人们越过姜文的风格和花招、替他整理出这个故事的面目以后，这部电影的谜语就会被解开（而且这个谜面本来也比他此前的电影更容易），它将带来一次关于和平年代我们如何进入中国近现代历史的论战。结果这个面向完全没有打开，不像《让子弹飞》公映时，那么多丰富的政治隐喻被开掘出来。而潜藏在这个问题背后更恐怖的现象是，一开始，论战双方就几乎同时消失，大家都缄默不语，同时放弃了解释权，仿佛他讲的是一段空洞的、没有发生过的历史。尤其是往常最热闹的知识界，贡献了几篇耍小聪明的口水文章后就哑火了，像集体宣告了自己的过时（或者入时），直到最近才有一些来自年轻学者和普通观众的声音，试图刺破沉默。与其说这种失语是大家不知道怎么面对一部电影，不如再次回到前面的论述，是大家不知道怎么面对自己的过去，和过去的敌人。问题已经不光是去历史化那么简单了。问题不在于我们是否愿意进入历史语境，而是我们完全搁置历史问题，大家不是看不见，而是看见了也不发言。这固然关乎今天的言论环境，但这种令人震惊的沉默，同时也揭示出一种沉默的"缴械"与共谋关系，反映出如今和电影中完全相反的思想状况和潮流。我很纳闷为什么有人会说他虚无，虚无的难道不是观众自己？因此我的一个基本立场可能是，理解这部电影不仅是一个艺术问题，更是一个历史问题。

［三］

另一个基本立场是，与其说姜文的电影重要，不如说对姜文电影的接受史更重要。

从《阳光灿烂的日子》的全面成功到《鬼子来了》，再到《太阳照常升起》的扑朔迷离和《一步之遥》的票房失利，姜文的每一部电影也许都能总结出一些症候性。我没有做进一步的考证，只以《让子弹飞》作为参照系。《让子弹飞》是姜文在新世纪最受欢迎的作品，也开启了观众（可能也包括他自己）对他新的期待，那部电影讲述的是更纯粹的民国问题，一段相对达成共识的历史，而且是一段罕见的拥有无数粉丝的历史时期。尽管这种对过去时代的崇拜本身具有虚幻性，但在今天看来，与时间上进一步推进、直接切入革命的《邪不压正》相比，它更容易被接受，也更合时宜。而在这两部电影相距的八年时间之间，我们已经可以感受到时代情绪的一次断裂。

也是从《让子弹飞》开始，票房成为姜文身上新的包袱，市场也开始成为评价所有中国电影的标准，不再是期待和想象，而是可以达到、可以触碰的真实经验。随之同步展开的是，评价一部电影的话语权，开始了从精英交还给大众的过程。和其他主流导演一样，姜文加入了这个过程，并且发出了“站着把钱挣了”的宣言。迄今为止，在他和市场搏斗，同时也和知识界搏斗的过程中，我们只能说互有胜负。这个评价本身没有褒贬，但和其他一路凯歌或者一路溃败的导演相比，他的实践更能证明这是一场真正的搏斗，不是投机的游戏也不是纯洁无瑕的艺术梦想，他展示了这场贴身肉搏的复杂和残酷性，几乎如同一场战役。

这场搏斗最大的陷阱可能是话语层面的纠结。姜文的媒体形象沉浸在一种不被理解、生不逢时的愤怒当中，而这种与外界保持距离的姿态，和原本就喜欢戏谑的北京人的话语习惯，和一种出于本能或者出于考虑的叙事策略混合在一起，很快成为他新的标签。这种风格在广泛的电影消费者那里，被混乱地接受着，一些人完全能够理解他，而另外一些不能，两者几乎没有共同语言。一些关键词照见了姜文和观众之间这种"虐恋"关系，爽、自恋、荷尔蒙、尬聊……都是他和观众可以互相映照的镜像，也都深深嵌在电影这个艺术门类在中国的发展进程中。

在《邪不压正》的讨论中，这种混乱更加严重，很多人用作者电影、直男癌这些片面的标签终止了对话的可能性。但讨论还是需要继续往下走，混乱是什么意思，是由什么构成的？节制从哪里来，什么时候应该节制？这些美学风格都有各自的语境，要具体问题具体分析，不能囫囵地用。前面所说的那种失语症，在这里发挥了反作用，泥沙俱下之际，很多"自由"的利益主体在被释放出来，理直气壮地一无所知，不知道什么是过去什么是标准。这是另外一种合谋。《我不是药神》那种完全好莱坞套路的电影，同时赢得评论、票房甚至是权力的肯定，这就是成功？越来越多跻身于欧洲艺术电影窄门的年轻创作者，他们的作品根本与大众观众无缘，这就是失败？商业电影和艺术电影的二分法本身也是舶来品，这风气在中国愈演愈烈，姜文正好坐在中间，他这种“虐恋”的位置本身就在挑战这一点。

更重要的是，我不是电影原教旨主义者，从不认为电影的形式应该大于内容。这种主义是现代社会的最新产物，类似文字创作领域的“纯文学”，或者传媒领域的理想主义，都是把成就一个行业的手段当成了目的。一部分从业者守着这些静止的价值是非常必要的，这样的人越来越少，是我们时代的另一个危机，但当像姜文一样的严肃作者（如果你也同意的话）从围城里冲了出来，尤其当他们冲到大众话语和市场层面的时候，仍然只在电影形式或者审美趣味上讨论问题，显然就非常不够。电影的边界本身应该是不断流动和拓展的。如果只夸电影拍得很美，就像夸一个人文笔好，那是主次不分，跟骂人差不多。反过来也一样。写文章、拍电影，但凡是诚恳的创作者，就不只是求一个好看的姿势，而是对世界有话要说。

电影里调侃影评人的那一段，听着有点多余，都说那是姜文的私货，但沿着这个逻辑想，就会发现这些话指向的不是影评人，而是电影本身——潘公公越是惺惺作态地宣告最重要的是电影，就越说明重要的不是电影，不是电影，不是电影。至少不是现在市面上流行的那种电影，消费一下，指点一下，明天就都忘了。导演有话要说，观众也想听别人说话，最好都有那么点如鲠在喉，电影的意义其实就这么简单。而理想的观影状态是摆脱那种轻浮的喜欢和不喜欢，愿意和别人交换意见，补充彼此都可能错过的部分，才有可能更接近那个世界，并且让那个虚幻的世界在自己的智力和生命经验中留得长一点。

［**四**］

《邪不压正》不是一部完美的电影，但它非常特别，它展示的是一个我们以为自己早就知道却从未真正去发现的世界。

电影里最浪漫的场景是角色们在北平胡同的屋顶上飞檐走壁，这是一个少见的视角，也专属于姜文。一方面这个视角更优越、更宏观，像有人批评的那样，另一方面，在屋顶上，枪子打不着，敌人跟不上，是一片很少人知道的广阔天地，是李天然最理想的游击战场。而在街巷之中，到处都是惨剧，外敌入侵，“天赐大恨”，敌人还都死不承认。在最后对决那场戏，半死不活的根本一郎一直在现场，决战就在他家发生，这提示我们，当时的绝境不是一己之私，而是内外交困。尽管我认为姜文没能很好地表现那种内在的、细腻的恐惧，但这种恐惧通过历史环境放大了，并且一直伴随着电影。而好电影的一个判断标准是，内容与形式同构，二者能够互为表里。这个飞檐走壁的视角，正是他用电影的语言做出回应，让恐惧飞了起来。这本身就是勇敢，因为电影就是幻象，是不可能之事，至少有一部分电影，它的终点是带我们去那些高于自己的理智和现实的地方。

如果一定要谈技术，我也会选择这个角度。我们太习惯用既定的风格、流派、方法、类型来为中国电影寻找位置，但姜文的语法恰恰来自各路传统，又远离它们。为什么总是有人说看一眼就知道是姜文的电影，或者说里面所有的角色都是在演姜文，这说明他的电影和其他所有人都不一样，不仅中国人没见过，外国人也没见过。在最形而下的层面，这就是创造。当然应该继续追究下去，到底是什么让他与众不同？古典音乐、色彩、密集的台词、快速推进的节奏和快速切换的镜头、戏谑与荒诞……很多片段会让我想起好莱坞电影、武侠片、李小龙、港片无厘头、民国情节剧、连环画甚至相声，但所有元素又被强力地统合在一起，不是简单的拼贴。他电影中的工业水准、个人风格、大众性，都值得一一分析，而我们很少看到这样的分析，不是因为缺乏专业能力，而是缺乏发现的勇气。在这个意义上，这是一部根本就“不可能”发生的电影。

这里又会出现一个关于“自我”的困境。因为姜文显然拥有一个巨大的自我，横亘在他和他想表达的东西之间，蓝青峰有句话，说他“心里就没有自己”，这就带来一个矛盾，你说你没有自己，但那么多“你”是怎么来的？就像姜文说他不需要故事，但他又必须讲故事，需要改编小说或者民间传奇，需要明星，需要他的太太（在这一点上，比起娱乐圈里那些离奇的炒作，姜文的情感生活真是满足不了大家窥私看热闹的心），这是一个很难处理的悖论，是第三重的不可能。

一方面可以笼统地说，任何一种艺术都要经由一个自我才能显影自身，这个自我到底是手段还是目的，是可以永远争论下去的母题。而姜文的个案，可能有一个更具体的语境，是《邪不压正》的语境，也可以说是中国的语境——我们进入现代社会以来的历史，就是一部“自我”不断在束缚与挣脱、谄媚与反抗之间举棋不定的历史，直到今天也没有落定，沉默不过是在可耻地悬置这个问题。这种矛盾更是清晰地投射在他试图在电影中召回的那种“无我”的情感结构上，不用多说，那更是一段被悬置的历史，而且延宕到今天，在这个追名逐利的年代，越来越变成一种无法理解的价值。但是，逐鹿年代中的革命和大众市场上的电影在这里是高度同构的，它们都迫切地需要一个强大的自我，才能够在千军万马之中获得自己的声音，不然谁还会记得那些曾经无私、善良、沉默的人？

“你背叛了你自己”“男子汉不能光说不做”“你知道你要干什么吗？”影片中有很多俗套话，这样一看，它想讲的道理就更浅显了，不用追溯原生家庭的苦难，缺席的母亲或者错位的父亲，也不必上升到国家主义、民族主义这些被过度理论化又被大众误读的概念，因为最终一切都只会通过你的选择才能浮现出意义。而真正深刻的创作或者所谓国民性批判，也不是牛逼哄哄地骂别人，而是随时反观自己。蓝青峰的棋已经输了，李天然会成功吗？他和巧红没有沉溺在来之不易的爱情里，最终走上了各自复仇的路。这是每个人自己的历程。

一切都让我联想到《一代宗师》，那部同样以抗日为背景的“武侠”电影，在王家卫那么缱绻的电影语言里，讲的是“见自己，见天地，见众生”，内核和姜文非常相似。而姜文的意思无非就是说，在你见众生之前，可能更难的是找到自己。我认为电影对原著最重要的改编正在于此，原著是一个寻找仇人的故事，李天然先把日本人干掉，然后花了很长时间才找到朱潜龙，迅速把他解决，然后全书结束，而不像电影，他一开始就锁定了仇人，此后不过是在寻找复仇的勇气和路径。他在电影里经历了一次自我唤醒。在姜文飞扬跋扈的电影形式中，就包裹着这样一个含蓄的自我发现的秘密。

它也是我洋洋洒洒写到现在的原因，在习惯了短评、吐槽和无视之后，已经很久没有用这么长的篇幅和时间去阅读一部电影。对我们观众来说，电影本身并不重要，它只是一个借口，吸引我们当中一部分人在自我发现的道路上不要停止，去检查自己的思维训练，体会自己在新北京而非旧北平的生活，听取整个 20 世纪中国留下的教训。

在不久的未来，权力、市场和普遍的茫然，会呼唤新的反抗，那将是一次众人的游击。在这个意义上，《邪不压正》可能真的是一个拐点。这个拐点不只关于姜文，而是时代拖着沉重的身体走到了现在，我们每个身处其中的人都必须要做出反应。

全球书情

致献给离散者与局外人的玫瑰

撰文　陈儒鹏

湍流

Turbulence

——

大卫·索洛伊

（David Szalay）著

——

Jonathan Cape 出版

弗吉尼亚·伍尔夫在《伦敦上空》（“Flying over London”）中写道：“英格兰看着像一艘无人掌舵的航船……我们又一次如魂灵般地醒来，拍下翅膀上的污垢，摆脱脚上的气量计、工厂和足球场”。时间过了七十来年，在这个肃杀的冬天里，英国这艘航船在全球化的浪潮里，似乎又失去了方向，或者说，英国从来没从帝国的消亡中走出来，在机场、加油站和好莱坞浩浩荡荡的“综合景观”之中沉沦在忧悒和羞惭里。

比起上一部《人不过如此》（*All That Man Is*），《湍流》这本狡猾的小册子更像是为了机场与飞机旅行准备的——从相互连接的 9 个故事到 12 个由飞机旅行串联起来的人生故事——碎片化的处理和精炼的文字让读者们除了见到这两年索洛伊日益成熟的功力，也能见到像是琳达·哈琴（Linda Hutcheon）所说的“带着距离和批判的模仿”：索洛伊在地面上记录着一场一场飞行，世界在飞行之中被串联也被拆散，而作者的叙述亦然，飞行旅程、机场酒店、讨价还价、露水情缘、兄弟阋墙、夫妻不睦，一件一件的事情描摹着湍流之中震荡的世界与人本身。这些奇奇怪怪的事最后却通往病痛中的伦敦，尽管索洛伊的地图开拓到了世界的各个角落，但满载不安、恐惧和焦虑的英国还是把他攫住了，而他除了批判的目光，还给了这个病痛的世界一种希望，飞机降落，女儿走向了多年未曾谋面的父亲，在家庭的团聚中，这个震荡的世界也许还有一丝安定。

亲爱的狂热者们：来自分裂之地的文字

Dear Zealots: Letters from a Divided Land

——

阿摩司·奥兹

（Amos Oz）著

——

Chatto & Windus 出版

这是阿摩司·奥兹留给世人的最后一本书，但他依旧像自己在 1966 年写的那样："除了现实这片成就与决策的领土，作者们也会时不时地回到它的来由——黑暗的欲念、恐惧与梦境"。奥兹并不奢望以此成为世界的立法者，但这番话也道出了他此生着迷的一个话题：土地与记忆。与托尼·朱特（Tony Judt）一样，奥兹眼里的巴以冲突的解决并不仅仅取决于土地与安全，更多关乎与土地联结的记忆和诉说；但又与朱特不同，奥兹拿着两支笔，一支写政治、一支写小说，前者用来记录人们寻求解决问题的方案、世界性的机构和政治制度的旅程；后者则讲述着文字如大篷车一般游弋的故事，作者跳入大篷车的车辙里，记录下

“那些在痛苦和僻远中产生的只言片语”。

阿摩司·奥兹的遗作是留给世界的一本道德书。全球化的世界不再因为瘫痪而备受折磨，而困扰于狂热——奥兹称为“时代的癌症”——在烈火和仇恨之中不断分裂土地、驱逐异己、消弭差异，而在这种暴政的游行之中，文明内部的野蛮和焦虑赤裸裸地暴露了出来。克劳塞维茨（Clausewitz）说战争是一场纯粹的发泄，在这个饱受冲突折磨的世界里显得格外刺耳。令人悲哀的是尽管奥兹将这本书送给亲爱的狂热分子们，但恐怕听众寥寥。奥兹的幽默与狂热的枪炮声显得格格不入，“幽默带来的是一道轻盈的弧线，让人们至少在一瞬间能从新的角度看看旧的事物。有时也能让你看到别人眼中的自己。这道弧线让狂热失去了它的白炽，也能引入一些相对性，将狂热的崇高变得柔和”。作为一名作者，奥兹能做的是为这个时代开一剂民主和文字的药方。犹太文学传统中对经典的解读和创新无疑是最好的原型：如果文字能够突破规训和绝对服从的边界，言说文字的人为何不能拥抱民主的精神？如果世界上要有光，那么一定是一道又一道的光，而不是唯一的一道光。犹太人所说的为婴孩、为穷人、为鳏寡孤独者请命，为陌生人提供支持，就是治愈狂热的药，也让对邻人的恐惧和对生命政治（biopolitics）的需求让步于对同情与热切

（hospitality）的期许。奥兹有过徘徊和狂热，但唯一没有的是对世界的绝望，他不是吟诵哀歌的先知耶利米。时代的噪音可以埋没作者生时的呼告，但文字的高声又岂是生死与时局能毁灭的呢！

弗吉尼亚·伍尔夫的外界与内心的战争：晚期日记以及她的日记阅读

Virginia Woolf, the War without, the War within: Her Final Diaries and the Diaries She Read

——

芭芭拉·罗恩斯伯里

(Barbara Lounsberry) 著

——

University Press of Florida 出版

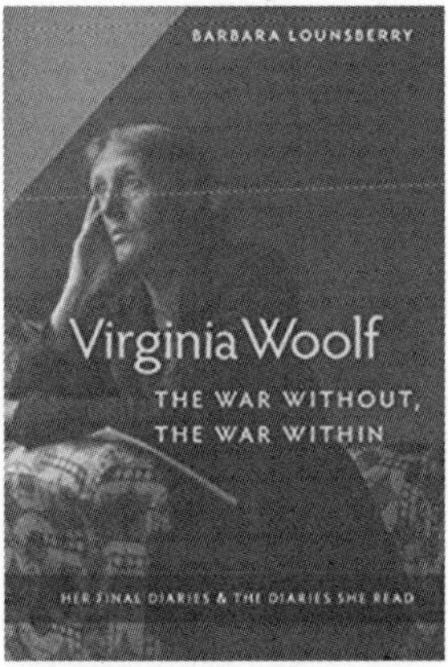

这是芭芭拉·罗恩斯伯里的伍尔夫日记研究三部曲的最后一部，从成为一名作者到成为一名现代主义者，罗恩斯伯里忠实地记录了这个“日记界的莎士比亚”的成熟轨迹——这绝不意味着伍尔夫以及现代主义文学的成长是一种沿着某种形式的进化论，而是指作者在日渐紧张的时局与逐渐侵入的衰老之中创作文字、寻找读者，包括寻求幸存的历练进程。伍尔夫生命的最后十二年是一场在公共话语与私人生活之间艰难的谈判，也是她逐渐越过阶级藩篱，触碰那些往日让她厌烦与不安的工人阶级、移民与犹太人的努力。如果在《一间自己的房间》(*A Room of One's Own*) 里的伍尔夫还显得有所拘束，她的“雌雄同体”(androgyny) 理论更像是一场必然陷落的乌托邦幻想，那么在 1938 年的《三个几尼金币》(*Three Guineas*) 中的“局外人俱乐部”(Outsiders' Society) 则是她最终的价值认同:“我是一个局外人，可以从心所欲，用自己的想象力做做实验。也许书评作者、朋友与仇敌们会对我咆哮，但他们追不上我！”但除此之外，罗恩斯伯里格外关注伍尔夫对那些被埋没的文字，尤其是对籍籍无名的作者们——包括时有提及的迈克尔·菲尔德(Michael Field)日记，实际上是凯瑟琳·布拉德利(Katherine Bradley)和伊迪斯·库珀(Edith Cooper)这两位诗人共同的笔名——的不断发掘与回味。文字在伍尔夫的笔下似乎重新开始了一场盛大的婚礼，突破了死亡的隐喻和拘束的社会教条，野蛮地生长着；然而，与之并行的又是不断介入的外界的战争与文化和社会机构的傲慢，剪报、BBC 的广播、爱德华八世的退位丑闻以及《英文陈词滥调词典》，这些令人窒息的现实和寂静让伍尔夫的晚期风格成了一场文字的逃亡。

1926 年的总罢工、突发的“奇袭 BBC”的恶作剧以及墨索里尼、希特勒以及英国法西斯党派的崛起，社会陷入的围困状态让帝国的边界坍缩到了英伦三岛。和每一个伦敦居民一样，伍尔夫也有着对幸存的侥幸与愧疚，慕尼黑阴谋之后，她坦白道，“我们还是情不自禁地对和平感到欣喜，这是人性本身，我们生来如此……当然，过一会儿，就像在一场大病里那样，我们放松的神经马上就会绷紧——但我还在看着风暴来临”。罗恩斯伯里并没有“为尊者讳、为贤者隐”，但在这场将至的浩劫面前，谁能免于短暂的自私呢？伍尔夫是一面看往二战的镜子，八十年前的这场文明的黄昏照在上面，光影斑驳，也有一些后现代的幸存者的恍惚。

寻找以赛亚·伯林：一场文学历险

In Search of Isaiah Berlin: A Literary Adventure

——

亨利·哈代

（Henry Hardy）著

——

I.B. Tauris 出版

这是一场如同《奥德赛》一般的文学冒险，如果没有亨利·哈代，人们眼中的以赛亚·伯林可能是一个能言善辩、机锋锐利的智者，却绝不会是一个著作等身的哲人。伯林对自己的文字总是太过随意，很多东西若没有加以整理，定然会淹没在书架的角落里面——这些文字里就不乏《现实感》这样的巨作——如果说伯林重新定义了个人选择、20世纪的自由，那么亨利·哈代则为这个世界照顾好了这个在选择游戏中自娱自乐的老顽童，他把这个来自里加的移民推进英国人的思想深处。也许读者可以说哈代有了点居功自傲的情结，但比起拥有完整的以赛亚·伯林的世界，这点自我意识显得微不足道。这并不是一本研究以赛亚·伯林的著作，尽管在可以独立成册的第二部分中，读者大可一探伯林的思想版图（可参阅哈代参与编辑的《以赛亚·伯林剑桥指南》[*The Cambridge Companion to Isaiah Berlin*，同样于 2018 年 9 月出版]），但在本书主体的第一部分，哈代为读者们呈上了自 1972 年之后的以赛亚·伯林作品出版历程，当然，其中也包括他和伯林之间的诸多颇为生动的往来信件。

无疑这是一本特别适合《单读》的书，作为一个编辑的亨利·哈代是谦卑而富有野心的。他希望将伯林从广播和讲坛的框架里释放出来，但伯林这个老顽童又对自己的出版不甚在意，甚至是颇为抵触。在给哈代的回信里，伯林写道，“至于说《选集》第四卷的简介，我还真没准备好写一段自己的小传，一想到参差错落在生命里的形形色色的角色，就像蛋糕上的醋栗一样，也许写出来的东西也会有些可笑吧”，这样的通信在这本书里俯拾皆是。除此之外，两人思辨的交锋也在简练的通信之中频现峥嵘，这也恰巧应了书名——“寻找”以赛亚·伯林——这个从东欧而来的知识分子对启蒙运动、俄国革命、自由与浪漫派的沉思并不是固定在书本上的文字，而是一道道轨迹，不断在时间的流变与思想的交流中被抹去、修改以及重塑，就像他一生践行的多元、包容和消极自由那样，不仅仅在人类的残忍中幸存下来，而且重新定义着“人类的范围”（human horizon）以及理解的疆域：“神智清楚的人呀，清醒程度各异，但至少不是天使，也不是疯子。”

饱满的石榴：亚伯拉罕·舒茨克威尔诗集

The Full Pomegranate: Poems of Avrom Sutzkever

——

亚伯拉罕·舒茨克威尔

（Avrom Sutzkever）著

——

贾斯汀·嘉密

（Justin Cammy）英译

——

SUNY press 出版

“我爱这未遭玷污的文字的味道，这种味道绝不会背叛自己 / 这不是那些酸酸甜甜的、混着其他奇异气息的味道 / 无论我在我一条一条的肋骨上攀缘还是坠落——/ 这些文字都是我的，是在我黑色的瞳孔里燃烧的火舌 / 无论我这一代人可能多么伟大——而这代人，又是更加的渺小 / 在丑陋与壮丽里，文字存续着它的永恒”（《致我脑中纤细的血管》“To the Thin Vein on My Head”，1945）。

这是舒茨克威尔写给二战之后的维尔纳（现立陶宛首都维尔纽斯 [Vilnius]）和当地犹太人命运的诗篇之一。一年之后的纽伦堡审判，他将成为大屠杀的见证者之一，指控杀死他的母亲与儿子的弗兰茨·穆勒（Franz Murer）。维尔纳这座东欧的耶路撒冷给了诗人两种笔触，一种是意第绪语的神性与自治力（autonomy），在诗歌与自然和世界的交融中，独特的语言编织的意义与观感，让诗歌在政治和世事面前获得尊严；另一种则是文字的生命力，这不仅仅是指在战火之中存留的书写与言语，更是一种现实的、存续个体生命的力量，就像犹太人在流浪中将陷落的圣殿建筑在经典之中那样。

大屠杀中的舒茨克威尔依靠着日常的言语得以幸存。但 1941 年以来的立陶宛书籍偷运史——不仅仅是为了躲避德军“文件兵团”的洗劫，也是为了逃离苏联的占领——将文字和生命的脆弱与神圣合而为一，触手可及的死亡让诗人脚下的每一寸土壤都有了“自己的韵律，一首关于生命存续的狂想曲”。在后来对往事的怀想里，他写道，“那双寒冷的花岗岩翅膀 / 深埋在土地里 / 与土地下埋葬的身体更加贴近 / 它们感知到他尚未死去”（《花岗岩翅膀》“Granite Wings”，1972）。幸存的逻辑让白炽的文字变成冰凉的翅膀，但也正因如此，未死的诗人的身体与尚能振翅的文字在等待之中释放出坚韧的爱与责任。在舒茨克威尔的身体写作中，读者们再度见证了俄尔甫斯的神话，每一寸肌肤都连通着诗歌的创生，“这颗石榴是那么饱满……在完完整整的自己的地窖里——/ 生与死也无法分离”。这是从后现代的绝望里，以及未来可见的犹太人将要经历的战火和散乱里游离出来的存在的呐喊与爆裂。

文章摘要

Article Abstracts

Callum Smith

Zuo Chuang — Tu Junnan

A non-fiction piece from the *OW Magazine* 'New Youth Plan'. The author Tu Junnan opens with the final moment of his aunt Yun Li's life, to tell the story of her misfortune in marriage, and her forlorn fate as a woman living a tough life. Through down-to-earth language and sincere emotion, he interweaves childhood memories, perceptions of mortality, and sympathy for the women of the lowest rung into the recollection of his close relative.

Small Town Diner — Zhao Yunxian

'Small Town Diner' is also selected from the *OW Magazine* 'New Youth Plan'. 'In my hometown, eating is of utmost importance.' Within the eating culture of Zhao Yunxian's hometown, one can find ingredients, cuisine, customs and human relationships, and also savour the flavours of 'life' itself — birth and death, joys and sorrows.

The Death of a Swan — Dai Lin

An outstanding fiction piece from the *OW Magazine* 'New Youth Plan'. Young author Dai Lin crafted this story based on a story she was once told over a meal. A series of recollections from the almost 50-year-old male protagonist, whose unexplained failure to marry initially perplexes us, gradually help us to piece together the entire story. Having unexpectedly lost his fiancée, he is immersed in omnipresent memories. As he ages, it becomes all the more impossible for him to escape single life.

The Dense Forest — Lu Ding

Lu Ding's dreamlike story utilises a tangible setting to construct the highly abstract concept of 'the state of youth', making this novel a stand-out contribution to the 'New Youth Plan'. As two teenagers walk through a dense forest, they struggle with inhibitions from their families and schoolyards, driven by an impulse of rebellion, they search for a way out of the dense forest, and a way out of themselves.

The Pitfall of Our Age — Xiao Yu, Ren Ning, Wu Qi

'Republic of Letters' is an open column in *OW Magazine*, where authors can write letters to each other, discussing both their own findings and topics of public interest. Letters between the Oxford student Xiao Yu, investor Ren Ning and *OW Magazine* editor-in-chief Wu Qi present various traits of this era. Faced with contemporary sentiments of deconstruction, anxiety and nihility, a myriad of narrative texts have appeared, yet failed to respond effectively. How should we resolve the pitfall of our age?

Seeking Tan Sitong — Xu Zhiyuan

The 120th anniversary of the Hundred Days of Reform in 1898 also marks the 120th year since Tan Sitong's passing. Generations have been fascinated by Tan Sitong and the turbulent time that he lived in. What sort of person was he, and how was that age like? In order to answer these questions, Xu Zhiyuan embarks on a journey of different locations to retrace his steps—Liuyang, Changsha, Shanghai and Beijing. Professors, scholars and researchers from across the country, as well as young scholars who share their search for Tan Sitong, lead us to better understand the man and his affairs.

The Coastline — Zhang Xiao, Liu Kuan

For over three decades since the Reform and Opening Up policies were introduced, over 100 million people have worked in coastal areas annually. On this construction site which never completed, urbanisation continues at a rapid pace, yet spiritural life remains stagnant. On the long road of migration, the lack of a sense of belonging is perhaps the collective source of perplexity for the Chinese people. On the basis of this reflection, the artist Zhang Xiao compiled this photographic collection.

Aged Metaphor — Wang Bang

What is it, that has defined the fortunate lives of the older middle-class generation in British? *OW Magazine* author Wang Bang, who lives in England for many years, delivers to us compelling local observations again. In this edition, she sets her focus on the lifestyle of Britain's older generation, and the historical origins behind it. By means of on-the-ground interviews and review of historical documents, Wang Bang combines analysis of vivid reality and rich history, exposing the rotten nature of capitalism, the increasing polarization and solidification of social classes, the end of the myth of individual struggle to change one's fate, and the ever-increasing hopelessness of the younger generation... The gloomy situation of the most developed capitalist nation is a warning to the rest of the world.

Dartington: An Experiment in Utopia — Ou Ning

In 1925, Leonard Elmhirst and his wife settled on the Dartington estate, Totnes as their home, and initiated what would be widely influential educational and construction projects, known as the 'Dartington Experiment'. Ou Ning visited the famous site of Dartington, in attempt to understand how that particular age gave birth to an utopian experiment, and how this utopia, rooted in southwestern rural England, both continued and challenged the long utopian tradition, influencing and transforming the social advancement movement at a global scale.

Never Desire a Land — Zhu Zhu

Among contemporary poets, Zhu Zhu stands out as one who brings together several styles, and describes with unique daily scenarios. In this collection, different scenes and locations are enriched with imagery, together forming a strong sense of sentiment and allusion. It is not land itself that is important, so much as the pondering of poets that occurs upon it, and the poems that actualise.

Jiao Xingtao in Yangdeng — Liu Bozhi

The sculptor Jiao Xingtao and a group of artists from Chongqing visit Yangdeng, Guizhou, in hope of seeking collaboration with residents from Yangdeng, the small town without ‘history’ or ‘story’. Through the story of the collaborative creation of a series of sculptures made by these artists and Yangdeng residents, the author integrates the history of modern Chinese art, the local annals of Yangdeng, with the relationship between art and life. The practice of ‘going to the countryside’ is not a new one for artists, and is indeed prevalent across the country, but practical result of their work leaves but a question mark to this day.

On Writing Classes — Chen Yikan

‘Is there a more shamelessly operated profit-making industry than writing classes?’ Chen Yikan’s witty and humorous article is actually deliberating on a serious topic: is it possible for writing to be learned and taught? Apart from the comments on various writing courses and their raving reviews, the author also ridicules a host of writers, cleverly interweaving his own opinions on writing and writing classes, both entertaining and provoking.

Sunken Jiang Wen — Wu Qi

The release of 'Hidden Man' sparked a wave of discussion on Jiang Wen. This article express the author's opinion on this enthusiastic discussion across society, from intellectuals to the public. 'Sunken Jiang Wen' not only pierced through the reality of a problematic history that has been placed aside, but was also an affirmation of Jiang Wen's efforts in expanding the borders of film. The author finally points out that the discussion of film is ultimately inwardly inclined—film 'entices a number of us always on the road of self-discovery', this process of self-examination is a necessary reaction for individuals confronting our era.

World Book Affairs — Chen Rupeng

In this issue of 'International Books Review', Chen Rupeng introduces five new works. The diverse forms of these works—fiction, essay, commentary and poetry—are not sufficient to capture the richness of their content: David Szalay continues to use story to explore the plight of the modern people and their wandering existence; the posthumous work of Amos Oz sends a cry for saviour amidst mania through deep love and understanding; the last instalment of Barbara Lounsberry's trilogy on the diary of Virginia Woolf faithfully records Virginia Woolf's trajectory as a modernist; Henry Hardy presents a different Isaiah Berlin, and Avrom Sutzkever's poetry drifts away from the despair of postmodernism...

撰稿人

涂俊南，丢莱卡乐队主唱，暂停酒馆掌门。

赵蕴娴，南京大学中文系学生，失眠俱乐部成员。面部常年处于失调状态，难以体现内心的波澜。

戴琳，1994 年出生于呼伦贝尔，鄂温克族。

路丁，一个宽松世代。

晓宇，牛津大学政治学博士在读，共识学社创办人和撰稿人，想把深刻的观点写成好读的故事。

任宁，风投基金 ONES Ventures 管理合伙人，ONES Idea 媒体实验室主理。

张晓，2005 年毕业于烟台大学建筑设计系，现居成都。在 2009 年成为摄影艺术家之前，曾于《重庆晨报》担任新闻摄影师。2018 年，张晓获得哈佛大学罗伯特·加纳德摄影基金。张晓的“海岸线”系列曾获法国汇丰银行摄影奖（2011）、法国才华摄影基金中国区冠军（2010）及侯登科纪实摄影奖（2009），“他们”系列则在 2010 年获得三影堂摄影奖大奖。张晓曾参与尤伦斯当代艺术中心（UCCA）的展览“文明：当代生活启示录”及包括瑞士摄影基金会的“Unfamiliar Familiarities”和法国巴黎布朗利码头博物馆的

“Photoquai 2015”在内的多个国内外展览。

刘宽，波士顿大学新闻硕士，《单读》副主编，导演，特稿作者。长期为《人物》《南方周末》《端传媒》、*T Magazine*、*ELLE* 等撰稿；纪录片作品曾在尤伦斯当代艺术中心等机构展映。目前的个人创作集中在探索影像和诗歌的边界。

王梆，出版有电影文集《映城志》、数本短篇小说绘本集以及漫画故事《伢三》等。电影剧作《梦笼》获 2011 年纽约独立电影节最佳剧情片奖，纪录片《刁民》亦在数个国际电影节参展。小说作品散见于《天南》、美国俄克拉荷马州大学《中国当代文学选集》、美国“文字无边界”文学网站、2016 年秋纽约古根海姆博物馆“故事新编”中国当代艺术展等。作为自由记者，为海内外媒体撰写欧洲时政评论。译有英国当代诗人理查德·贝伦加滕诗选《改变》、英国当代诗人彼得·休斯诗选《贝多芬附魔曲》等。

欧宁，艺术家，策展人，编辑。2003 年在广州拍摄的纪录片《三元里》参加第 50 届威尼斯双年展，2005 年受德国联邦文化基金会资助拍摄的纪录片《煤市街》在纽约现代美术馆（MoMA）首映。2005 年至 2010 年创办和策划三届大声展，2009 年出任深圳香港城市 / 建筑双城双年展总策展人，2011 年出任成都双年展国际设计展策展人。2011 年至 2013 年创办和主编共 16 期《天南》文学双月刊，2009 年主编的《漫游：建筑体验与文学想象》和 2013 年主编的《刘小东在和田与新疆新观察》在莱比锡获两届“世界最美的书”奖。2010 年在安徽黟县发起乡村建设项目“碧山计划”，2016 年在山东烟台发起历史街区活化项目“广仁计划”。2016 年至 2017 年在哥伦比亚大学建筑、规划与保护研究生学院任教。曾任第 53 届威尼斯双年展 Benesse 大奖评委（2009），日本横滨国际影像节评委（2009），古根海姆美术馆亚洲艺术委员会成员（2011），第 22 届米兰非洲拉丁美洲亚洲电影节评委（2012）和里斯本建筑三年展 Debut 大奖评委（2013）。

朱朱，中国当代诗人。著有诗集《驶向另一颗星球》（1994 年）、《枯草上的盐》（2000 年）、《皮箱》（2005 年）、《故事》（2011 年），艺术评论集《个案——艺术批评中的艺术家》（2008 年）等，并曾与人策划多场中国新艺术展览。其诗作被译为英语、法语、意大利语、西班牙语等语种在国外发表，获安高诗歌奖（Anne Kao）、中国当代艺术奖评论奖、亨利·露斯亚洲诗歌写作与翻译奖（Henry Luce Foundation）等荣誉。

刘博智，媒体人，非虚构写作者，话剧制作人，关注戏剧，当代艺术，教育领域，也写小说，曾出版小说《双橙记》。

陈以侃，青年翻译家，书评人，译有《人性的因素》《海风中失落的血色馈赠》《寻找邓巴》等著作。

陈儒鹏，爱丁堡大学文学与现代性专业研究生，对伍尔夫和她的一切满心欢喜。前《单读》实习生，如今是个小评论员。

图书在版编目（CIP）数据

单读．20，新新新青年 / 吴琦主编．
— 南京：江苏凤凰文艺出版社，2019.8
ISBN 978-7-5594-3916-1

Ⅰ．①单… Ⅱ．①吴… Ⅲ．①社会科学 – 文集
Ⅳ．① C53

中国版本图书馆 CIP 数据核字 (2019) 第 145289 号

单读．20，新新新青年

吴 琦　主编

出 版 人　张在健
责任编辑　王　青
特约编辑　罗丹妮　王天仪
装帧设计　李政坷
出版发行　江苏凤凰文艺出版社
南京市中央路 165 号，邮编：210009
网　　址　http://www.jswenyi.com
印　　刷　山东鸿君杰文化发展有限公司
开　　本　787 毫米 ×1092 毫米 1/32
印　　张　12
字　　数　200 千字
版　　次　2019 年 8 月第 1 版　2019 年 8 月第 1 次印刷
书　　号　ISBN 978 - 7 - 5594 - 3916 - 1
定　　价　49.00 元

江苏凤凰文艺版图书凡印刷、装订错误可随时向承印厂调换